KOCHEN IM NAIKAN

Josef Hartl, Helga Hartl, Georg Hartl, Christl Eberle,
Michael Simöl, Stefanie Tuczai

KOCHEN IM NAIKAN

Vom Kochen, Essen und Verdauen
im NAIKAN HAUS ÖTSCHERLAND

© 2004 – Naikido Zentrum Wien
Alle Rechte vorbehalten. Das Werk darf – auch teilweise – nur mit Genehmigung der Autoren wiedergegeben werden.
Herstellung: Books on Demand GmbH, Norderstedt
Printed in Germany
ISBN 3-9500885-2-0

Widmung

Dieses Buch widme ich meiner Großmutter Maria Kaiser – für mich Großmammi. Sie kochte einfach, sparsam und mit großer Achtung vor den Lebensmitteln. Das meiste hat gut geschmeckt und war es einmal nicht so gut, wurde es auch gegessen. Sie war eine meiner großen Lehrmeisterinnen.

Im Namen aller Autorinnen und Autoren widme ich das Buch auch allen ehemaligen und zukünftigen Naikan-Teilnehmerinnen und -Teilnehmern.

Schließlich widme ich dieses Buch auch dem historischen Buddha Siddharta Gautama, der alles in Dankbarkeit gegessen hat, was er in seiner Bettelschale vorfand.

Shaku Yokô Josef Hartl

Dieses Buch beansprucht nicht für sich ein Gesundheits- oder Diätbuch zu sein.

Bei der Herstellung des „Kochen im Naikan" war weder eine gelernte Köchin noch ein gelernter Koch anwesend. Auch können wir uns weder an die Anwesenheit einer Ärztin oder eines Arztes noch an die einer Ernährungsberaterin oder eines Ernährungsberaters entsinnen.

Wir wollen Sie mit diesem Buch lediglich animieren, eine Tür zu einem wertvollen Teil Ihres Lebens aufzuschließen. Vielleicht haben Sie den Mut, diese Tür zu öffnen. Sie werden dahinter einen Weg finden, zuerst vielleicht nur schemenhaft, doch gehen Sie ihn – wie zaghaft auch immer – so wird er klarer und heller werden. Ein gesünderes und vor allem bewussteres Leben könnte die Folge sein.

Und bitte erschrecken Sie nicht, wenn Probleme und Missgeschicke vor Ihnen auftauchen – diese gehören zum Weg.

Um ein gutes Essen zu kochen, braucht es lediglich Liebe, Hinwendung und Interesse für die Tätigkeit und die Menschen.

So ist es auch mit einem guten Leben.

Die Autorinnen, die Autoren

Inhalt

Einleitung	11
Vom gesunden Essen und bewussten Leben	15
Wichtige Details bevor Sie zu kochen beginnen oder der achtfache Pfad aus der Naikan-Küche	27
Erstens – Wie und was wir essen und verdauen	28
Zweitens – Der Selbstmord eines Gesundheitsapostels oder wie wir aufhörten die Menschen mit Gesundheit zu vergewaltigen	29
Drittens – Weißer Zucker oder der Wolf im Schafspelz	31
Viertens – Das Meersalz, das unsere Suppe nicht versalzt	41
Fünftens – Gomasio, eine Würze für die Zunge	41
Sechstens – Miso, Tamari und Tamari-Sojasauce	42
Siebentens – Umeboshi, das absolute Japan im Mund	43
Achtens – Von Bohnen, Tofu und Meeresgemüse (Algen)	43
Einige Worte zum Naikan	51
Frühling	53
Michael Simöl – Kurzbiographie	54
Persönlicher Erfahrungsbericht –	
„Essen, Kochen und ein Buch"	55
Speiseplan einer Naikan-Woche im Frühling	58
Episode ONE aus der Naikan-Küche	73
Sommer	79
Christl Eberle – Kurzbiographie	80
Persönlicher Erfahrungsbericht –	
„Mein Weg mit Naikan"	81
Speiseplan einer Naikan-Woche im Sommer	83
Episode TWO aus der Naikan-Küche	95

Herbst	103
Stefanie Tuczai – Kurzbiographie	104
Persönlicher Erfahrungsbericht –	
„Naikan hat mich zum Kochen gebracht"	105
Speiseplan einer Naikan-Woche im Herbst	108
Episode THREE aus der Naikan-Küche	121
Winter	125
Josef Hartl – Kurzbiographie	126
Persönlicher Erfahrungsbericht –	
„Naikan – Das Glück ohne Ende"	127
Speiseplan einer Naikan-Woche im Winter	134
Mittelalterliche Küche	147
Kochen wie im Mittelalter oder	
Das Essen der echten Ritter und Bauersleute	148
Gewürze, ein Statussymbol	148
Alltägliches Essen von Armen und Bauern im Mittelalter	149
Köche und Rezeptangaben aus dem Mittelalter	150
Ein Menü aus dem Mittelalter zum Nachkochen	151
Kochen und Heilen mit Ingwer	153
Geschichte, Verbreitung, Anwendung und	
Wirkungsweisen von Ingwer	154
Ingwer, anerkanntes Heilmittel	158
Rheuma – Ingwer gegen Schmerzen	162
Äußere Anwendung von Ingwer	164
Das Kochen mit Ingwer	169
Getränke mit Ingwer	176
Frühstück	179
Episode FOUR aus der Naikan-Küche	185

Die Unwiderstehlichen ... 199
   Helga Hartl – Kurzbiographie ... 200
   Persönlicher Erfahrungsbericht –
   „Naikan – welch ein glücklicher Tag!" ... 201
   Die Unwiderstehlichen ... 203

Tee ... 211
   Legenden ... 212
   Verschiedene Tees vom selben Strauch ... 213
   Die Herstellung von Grüntee ... 214
   Die Vielfalt der Grüntees ... 215
   Die Herstellung von Schwarztee ... 218
   Die Vielfalt der Schwarztees ... 219
   Rooibos-Tee ... 221
   Thein oder Koffein – das ist hier die Frage ... 222
   Zubereitung von Tee ... 222
   Chadô – Teezeremonie ... 226

Fleischliche Gelüste oder Ausnahmen bestätigen die Regel ... 229
   Georg Hartl – Kurzbiographie ... 230
   Fleischliche Gelüste ... 231

Glossar ... 233

Index ... 237

Danksagung ... 245

Einleitung

Josef Hartl

Einleitung

Die Verhaltensforschung hat wissenschaftlich belegt, dass der ausgeprägteste Trieb im Menschen dem Überleben gilt. An zweiter Stelle rangiert der Fortpflanzungstrieb.

Also zuerst kommt das Essen, dann der Sex.

Weiß man von dieser Gegebenheit, so wundert einen nicht, dass Kochbücher ein Dauerbrenner am Buchmarkt sind. Im Übrigen ist es so, dass wenn es mit dem Sex nicht passt, die Menschen häufig durch Essen kompensieren. Passt es allerdings mit dem Sex, so macht das Appetit. Auch kein Wunder, da ja Überleben und Fortpflanzung eine enge Beziehung haben.

Doch wie gesagt, der Überlebenstrieb ist die Nummer eins. Und auch Sie wissen das. Stellen Sie sich vor, Sie erleiden Schiffbruch und werden auf eine menschenleere Insel gespült. Nun wählen Sie bitte für den Rest Ihres Lebens: entweder Essen oder Sex. Die Antwort dürfte klar sein. So wichtig ist also das Essen. Und ich muss Ihnen ehrlich gestehen, dass mich, obwohl es sehr gute Bücher über Sex in der Literatur gibt, diese Lektüre mehr und mehr langweilt. Vergleiche ich hier so manches Kochbuch und die daraus entstehende Kreativität, so ziehe ich es der Sex-Literatur vor. Warum? Nun ich erfreue mich gerne an der ästhetischen Aufmachung und den Bildern von so manchem Kochbuch. Und lese ich von der Zubereitung guter Gerichte, so regt das meine Phantasie ganz schön an, ohne dass ich alles gleich kochen möchte. Ja, das Lesen von Kochbüchern stillt in so mancher Hinsicht meinen Hunger und ich fühle mich danach ein wenig satt. Bei der Erotik- und Sexualliteratur fühle ich mich meist frustriert, denn ich will gleich haben, wovon ich lese, und wie Sie sicherlich schon selbst erfahren haben, geht das eben nicht immer. So fühle ich mich in anderer Hinsicht nach derlei Lektüre satt!

Nun aber zu diesem, meinem, unserem Kochbuch. Jeder, der so ein Buch schreibt bzw. herausgibt, wird der Überzeugung sein, dass eben dieses ein wirklich tolles, besonderes ist. So ergeht es natürlich auch uns, die wir dieses Buch verfasst haben. Und in der Tat ist das Ihnen vorliegende „Kochen im Naikan" einzigartig. Es ist das erste Naikan-Kochbuch weltweit. Ein Buch, das ausschließlich von Naikan-Erfahrenen verfasst wurde. Und ein Buch, das für vier Wochen Speisepläne und Rezepte bietet, die großteils schon während Naikan-Wochen gekocht wurden. Ein Kochbuch, das sich auch mit Tee, Ingwer, alten Gewürzen und Gesundheit,

Einleitung

sowie Bewusstseinsarbeit auseinandersetzt. Nicht zu vergessen das kurze, jedoch äußerst amüsante Kapitel „Kochen im Mittelalter".

Vor allem – und das ist einzigartig – haben Sie ein Buch in Ihren Händen, das auch ein Naikan-Buch ist!

Die AutorInnen berichten von ihren persönlichen Naikan-Erfahrungen. Und die Naikan-Thematik findet sich in diesem Buch in verschiedenster Weise wieder. Diese Symbiose zwischen Naikan, Essen und Kochen finden wir besonders geglückt.

Als Naikan-Leiter sehe ich mich als Diener der Menschen und ihrer Entwicklung zu mehr Mensch-Sein und Leid-Freiheit. Seitdem ich Naikan leite, koche ich auch für die Teilnehmer. Natürlich könnte das auch eine Köchin oder ein Koch machen, was auch teilweise passiert. Jedoch ist es undenkbar und das aus mehreren Gründen, dass das „Küchenpersonal" keine Naikan-Erfahrung hätte. Damit eine Mahlzeit gut schmeckt, ist es wichtig, dass sie gerne und mit Liebe gekocht wird. Und ehemalige Naikan-Teilnehmer, die für Naikan-Praktizierende kochen, wünschen sich für die Übenden ideale Bedingungen. Es ist ihnen wichtig, dass die Praktizierenden bei ihrem Prozess bestens unterstützt werden. Und diese Hinwendung schmeckt man.

Ich hoffe sehr, dass, wenn Sie Rezepte aus diesem Buch nachkochen, unsere Hinwendung bei der Herstellung von „Kochen im Naikan" in den Speisen zu schmecken sein wird.

Seit vielen Jahren haben mir ehemalige Teilnehmer und Teilnehmerinnen von Naikan-Wochen angeraten, doch ein Kochbuch zu schreiben. Es ist so wie mein erstes Naikan-Buch kein Einzelwerk geworden, sondern das Werk vieler, was mich besonders freut. Nun bleibt mir noch das Vergnügen Ihnen viel Spaß und Freude beim Kochen und guten Appetit beim Essen im Naikan zu wünschen.

Ihr/Euer Josef Hartl mit allen
Mitautorinnen und -autoren

Ein Essen auf einem Holzofen gekocht, ist dem auf einem Gasherd gekochten vorzuziehen.

Ein Essen auf einem Gasherd gekocht, ist dem auf einem Elektroherd gekochten vorzuziehen.

Ein Essen auf einem Elektroherd gekocht, ist dem in einem Mikrowellenherd gekochten vorzuziehen.

Und gibt es nur ein Essen aus dem Mikrowellenherd, so sollten Sie zuerst fasten. Halten Sie das Fasten nicht mehr aus, so essen Sie es halt in Gottes und Buddhas Namen.

Erdäpfelsuppe mit Steinpilzen

Vom gesunden Essen und bewussten Leben

Josef Hartl

Vom gesunden Essen

Dieses Kapitel werden viele Menschen in der Erwartungshaltung aufgeschlagen haben, um ein Generalrezept für gesundes Essen inklusive einer exakten bewussten Lebensführung zu erhalten. Auch wenn das die wenigsten Menschen zugeben würden, so werden Sie mir doch beipflichten, dass viele Menschen immer und immer wieder die Hoffnung hegen, dass da jemand kommt, der Ihnen sagt, wo es langgeht, was Bewusstheit und Gesundheit betrifft. Und dieser Umstand ist auch schon der Pferdefuss, die sprichwörtliche Fliege in der Suppe.

Nur allzu gut verstehe ich die Sehnsucht nach dem Übervater und der Übermutter, die uns sagen sollen, wo es langgeht, damit wir nicht selbst für unser Leben Verantwortung übernehmen und selbst denken müssen. Ist doch eine bequeme Sache oder etwa nicht?

Also geben wir jede Selbstverantwortung ab und halten uns brav an Regeln und leben nach Rezepten und glauben, dadurch wieder gesund zu werden und ein Leben zu führen, das unser Bewusstsein fördert. Ja, wir haben zuweilen solche Wünsche, aber glauben wir wirklich daran? Wenn wir ehrlich sind und ein wenig in uns hineinhören, wissen wir auch, dass dem nicht so ist. Gesetzt den Fall, wir geben unsere Verantwortung ab, was ja viele auch tun, was passiert denn dann mit den Menschen, wenn sie nach Regeln und Rezepten leben, die andere für sie erfunden haben? Wenn ihre Wünsche und Hoffnungen nicht erfüllt werden, obwohl sie die Regeln eingehalten haben, dürfen, müssen und können die Menschen den, der die Regeln aufgestellt hat, verteufeln. Ja, und die Regeln können nicht stimmen. Sie haben sich daran gehalten und es hat nicht funktioniert. Also auf ein Neues – suchen Sie bitte den Nächstbesten, dem Sie Ihre Erwartungshaltungen umhängen können. War es nicht die Trennkost oder das 5-Elemente-Essen, so wird es vielleicht die Makrobiotik sein. Oder vielleicht das „Naikan-Essen"? Keine Angst, ich steige hier sicherlich nicht auf solche Spielchen ein. Ich habe einfach keine Lust, Ihnen Rezepte für Ihr Leben und Essen mit Regeln und dergleichen zu servieren. Noch habe ich Lust, Ihnen ein neues Rezept zu liefern, das da heißt: „Verteufle alle Regeln". Spätestens in sechs Monaten bis einem Jahr hätten sie dann die nächste Lebensregel, Essens-Art, ..., die Sie verteufeln könnten. Ja, und mich als Person können Sie dann auch in Ihrer geistigen Welt abstürzen lassen.

Also im Klartext:
Ich muss Ihre Erwartungen – falls Sie welche haben – bezüglich eines Generalrezeptes für Bewusstseinsbildung und Gesundheit enttäuschen. Es gibt so ein Rezept einfach nicht, auch wenn noch eine Million Kochbücher und Bewusstseinsfibeln geschrieben werden sollten.

Ehrlich gesagt, tut mir das auch überhaupt nicht Leid! Im Gegenteil, ich finde es gut so. Wir Menschen haben einen freien Willen und können uns frei entscheiden. Vor allem aber haben wir die Fähigkeit, uns selbst reflektieren zu können. Dieser Umstand ist das kostbarste Gut des Menschen. Alle, die in ihren Büchern über das RICHTIGE gesunde Essen und die RICHTIGE bewusste Lebensführung predigen und schreiben, sollten mit äußerster Vorsicht genossen werden. Berufene dieser Art gibt es leider zu viele. Sie sprechen in ihrer Geisteshaltung den Menschen, denen sie ihre Botschaften vermitteln, jede Selbstverantwortung ab. Ja, sie degradieren ihre Umgebung zu Marionetten: „Essen Sie das und Sie werden ein glückliches, bewusstes Leben führen; essen Sie jenes und Sie werden gesund; essen Sie dies und Sie bleiben gesund." Und so weiter und so fort!

Es ist mir also nicht möglich, Ihnen ein Generalrezept für gesundes Essen und Essverhalten zu liefern. Mit keinem einzigen Gedanken möchte ich das tun. Die Art, so mit dieser Thematik umzugehen, ist mir zutiefst zuwider.

Was ich jedoch kann und will, ist Sie anzuregen, über so manches selbst nachzudenken. Ich möchte Ihnen Tendenzen und Möglichkeiten aufzeigen. Ich möchte Ihnen von gewonnenen Erkenntnissen berichten. Von Erfahrungen aus Selbstversuchen, die ich während der letzten zwanzig Jahre an mir selbst und mit Menschen im Gesundheitswesen sowie im Bereich der Bewusstseinsarbeit machen konnte. Vielleicht finden Sie in der Folge einige Anregungen, die hilfreich sind. Hilfreich, damit Sie erkennen, wie Sie mit sich und Ihrer Umgebung umgehen. Einen Umgang mit sich selbst, der Sie zu besserer Gesundheit und einer noch bewussteren Lebensweise hinführt. Das wünsche ich mir von Herzen. Sollten Sie es jedoch nicht schaffen, so wird das für mich nichts ändern.

Vom gesunden Essen

Tipps, Tendenzen und Möglichkeiten

Nach Möglichkeit naturbelassene und chemiefreie Nahrung.
Nach Möglichkeit aus der Klimazone, in der Sie leben.
Nach Möglichkeit biologische Produkte, auch wenn sie nicht dieselbe Qualität wie vor fünfzig Jahren haben.
Nach Möglichkeit keine Fertig- bzw. Tiefkühlkost.
Nach Möglichkeit Vollwertkost – eben naturbelassen.
Nach Möglichkeit Ruhe beim Essen – keine Zeitung, kein Fernsehen und keine Streitgespräche während des Essens.
Nach Möglichkeit kein gieriges Schlingen, kein Stressessen oder Essen nur so zwischendurch.
Nach Möglichkeit keinen weißen Zucker – ach so, Sie essen ohnehin keinen! Nur im Kaffee – ach, Gott und Buddha – was sind Sie doch für ein Selbstbetrüger. Denn was ist mit dem versteckten Zucker in Säften, Lebensmitteln, usw. Aber Sie entscheiden, richtig?
Nach Möglichkeit gesunde Mischkost: Gemüse, Getreide, Bohnen und Hülsenfrüchte. Fleisch, wenn es sein muss und Fisch.
Nach Möglichkeit drei Mahlzeiten am Tag: Frühstück, Mittag und Abendessen. Kaiser, Bürger und Bettelmann – so sollte die Reihenfolge in der Größe und Deftigkeit der Mahlzeiten sein.
Nach Möglichkeit Quellwasser und Leitungswasser ohne Zusätze wie Chlor, damit es nicht bricht, wie das in Großstädten üblich ist.
Nach Möglichkeit Natursäfte. Aber nicht einseitig, wie etwa immer nur Apfelsaft.
Nach Möglichkeit einmal im Jahr eine Entschlackungskur.
Nach Möglichkeit schmackhaftes Essen.

Alle, die nicht selbst kochen, sollten nach Möglichkeit auch kochen lernen. Warum? Weil sie sich nicht nur bekochen lassen sollen, sondern auch andere bekochen können sollen. Warum? Sozialaspekt, Sozialrespekt!

Was, Sie kennen das alles schon? Nun, wenn Sie alle Möglichkeiten schon kennen, dann überprüfen Sie bitte, ob Sie diese Möglichkeiten auch ganz ausschöpfen oder nicht doch noch verbessern können.

> Nach Möglichkeit, die Möglichkeit verbessern und es nicht bei der Möglichkeit belassen!

Was noch erwähnenswert scheint

Zumindest sollten uns 80 Prozent unseres Essens schmecken. Denn, es ist egal, wie gesund uns ein Essen angepriesen wird. Wenn es uns nicht schmeckt und wir es nur aus Gesundheitsgründen essen, weil uns das unser Kopf erzählt, wirkt das Essen nicht wirklich gesund. Unser Körper bekommt Gesundheit und unsere Seele und deren Gefühle werden gleichzeitig vom Verstand vergewaltigt! Passiert das nur selten, so ist es in Ordnung. Werden wir jedoch zum „Verstandes-Esser" ohne wirklich zu verstehen, so praktizieren wir eine permanente Selbstvergewaltigung. Den Appetit auf Essen und Leben verderben wir uns dadurch selbst. **Manchmal verdirbt uns der Verstand die Seele und manchmal benebelt eine kranke Seele den Verstand.**

Wir Menschen sollten uns dorthin entwickeln, dass uns jedes Essen willkommen ist. Und zwar aus einer tiefen inneren Haltung der Dankbarkeit und Demut dem Leben gegenüber. Hierzu können wir uns jedoch nur nach und nach entwickeln. Das ist keine Frage des Verstandes alleine. Im Übrigen sollten wir ein von uns als köstlich empfundenes Essen auch tatsächlich genießen können.

Was noch erwähnenswert scheint

Ein körperlich schwer arbeitender Mensch sollte sich anders ernähren als ein geistig arbeitender Mensch. Mehr Fleisch, Kohlehydrate, usw. Ein Mensch, der unter Kälte leidet, sollte nur warme Nahrung genießen.

Wir leben in der sogenannten ersten Welt – also in einem Land, wo Überfluss herrscht. Mäßigung ist hier angesagt. 70 Prozent der Krankheiten in Mitteleuropa kommen aus dem Übermaß und nicht aus dem Mangel.

Zu viel, zu schnell, zu fett, zu einseitig – wir kennen das ja, oder? Man spricht von der goldenen Mitte, nicht vom goldenen Extrem.

Fleisch auf der einen Seite und weißer, raffinierter Zucker auf der anderen Seite, sind das Extrem und sollten mäßig genossen werden. Im Übrigen ist der braune Zucker auch ein Einfachzucker und schwer vom Körper abbaubar.

Die Mitte wäre Wurzel- und Blattgemüse, verschiedene Bohnenarten, Hülsenfrüchte, Getreide, Samen und Nüsse, Obst und auch Dörrobst im Winter. Fleisch, Fisch und Zucker sowie Milch („die Nahrung für Kälber") sollten mäßig genossen werden. Milchprodukte sollten nach Möglichkeit biologisch sein.

Nun, das erscheint Ihnen zu teuer und zu aufwendig? Dann leben Sie halt so weiter wie bisher, aber beklagen Sie sich nicht über Ihr Gewicht, Ihre Blutzuckerwerte, Ihren erhöhten Cholesterinspiegel und Ihre Verdauungsprobleme. Nein, ich betreibe hier keine Angstmache – ich nenne die Dinge nur beim Namen. Wenn Sie ein falsches Benzingemisch in Ihr Auto tanken, beklagen Sie sich dann auch, wenn es nicht so richtig funktioniert? Und wenn Sie ein Tankwart darauf hinweist, sagen Sie dann vielleicht, er will Ihnen Angst machen? Und was den Preis von Bioprodukten angeht, wie wäre es, wenn Sie einmal 50 Prozent Bio kaufen und noch einmal über den vorhergehenden Abschnitt nachdenken. Ist ja nur ein Vorschlag meinerseits.

Was noch erwähnenswert scheint

Fasten ist zu 90 Prozent für eine spirituelle Entwicklung und zur Bewusstseinserweiterung gut. Wenn es jedoch aufgrund einer Egohaltung bzw. aus spiritueller Gier heraus geschieht, bremst oder verzögert es die Entwicklung. Fasten ist nichts für körperlich schwache Menschen oder bei bestimmten Krankheiten. Fasten ist gesunden Menschen anzuraten. Regelmäßiges Fasten kann die Gesundheit fördern. Bei bestimmten Krankheiten ist Fasten jedoch eine wirkliche Therapie. Diäten sind zu 90 Prozent abzulehnen. Außer bei gewissen Krankheiten. Diäten, um abzunehmen, sind meist das falsche Mittel. Hier wäre es zielführender, die Lebensführung langsam und stetig umzustellen. Alles, was wir schnell ändern, birgt die Gefahr einer schnellen Rückfälligkeit. So auch unsere Essgewohnheiten.

Wir sollten lernen, uns langsam für das, was wir in uns hinein essen, zu sensibilisieren. Ein bewusster Fasttag im Monat ist zielführender als eine Fastenwoche pro Jahr, die auf Zwang und über die Willensebene des Verstandes durchgeführt wird. Genauso ist es, wenn wir Diäten zum Abnehmen machen. Besser dreimal pro Woche am Abend nichts zu essen und auch am Morgen danach deswegen nicht mehr zu essen, als dreimal pro Jahr eine Diät mit Gewalt durchzuführen und nachher doppelt soviel Gewicht auf die Waage zu bringen. Es ist erwiesen, dass Menschen, die häufig Diäten zum Abnehmen machen, meist noch mehr zunehmen. Dieses Phänomen wird in der Ernährungswissenschaft als Jo-Jo Effekt bezeichnet.

Im Übrigen ist Übergewicht genauso eine Krankheit wie Untergewicht.

Zum Schluss diese Kapitels noch zu einem kurzen ethischen Gesundheitsausflug

Es ist geradezu unmenschlich, Tiere aus Massentierhaltung zu essen und diese damit weiter zu unterstützen. Warum? Nun, sehen Sie sich einmal eine Hühnerfarm, eine Schweinezucht und dergleichen vor Ort an – mehr möchte ich dazu nicht sagen. Wenn man Tiere isst, sollte man auch den Mut haben, bei ihrer Tötung zusehen zu können. Die Eskimos entschuldigen sich bei den Tieren, bevor sie sie töten. Sie sagen in etwa: „Bitte verzeihe mir, dass ich dich töte. Damit kann ich weiter leben und vielen Dank." Diese Haltung gefällt mir, sie ist, wenn sie aus dem Herzen kommt, eine bewusstseinsfördernde. Wir töten, um weiterleben zu können, jedoch nicht aus Übermut oder Spaß. Im Übrigen, würden Sie Ihren Hund töten oder Ihre Hauskatze? Sobald wir zu einem Wesen Bezug haben, fällt es uns schon schwerer – da ist es vorbei mit lustig. Es ist jedoch auch heuchlerisch, wenn wir vorgeben, aus reiner Moral kein Fleisch zu essen und mit den Rindslederschuhen und der Echtleder-Brieftasche im Sakko durch die Landschaft zu wandeln. Oder sich auf dem Echtleder-Sofa sitzend in einer Diskussion mit Freunden über die Tiertransporte aufzuregen. Nicht wahr? Sind wir nicht alle irgendwo Heuchler und inkonsequent? Ich nehme mich hier selbst bei der Nase. Es gibt einige gewichtige Gründe – ja vielleicht übergewichtige Gründe, die aus ethischer wie gesundheitlicher Sicht für den Vegetarismus sprechen. Doch entschließen wir uns dazu, so sollte es aus einem verstehenden Verstand und weder aus einer heuchlerischen Moral noch aus einer Kopfgeburt heraus geschehen.

Vom gesunden Essen

Ich empfehle Ihnen das Folgende mit Herz und Verstand zu lesen:

„Dänemarks makrobiotisches, vegetarisches Experiment"

Während des Ersten Weltkrieges führte die Blockade Dänemarks in weiten Teilen des Landes zu großer Lebensmittelknappheit, und viele Menschen litten an Unterernährung. Mikkel Hinhede, Direktor des staatlichen dänischen Instituts für Ernährungsforschung, wurde zum Ernährungsberater der dänischen Regierung berufen. Hinhede war nicht nur imstande, das Problem zu lösen – es gelang ihm sogar, eine völlige Wende herbeizuführen.

In den Jahren vor dem Krieg hatte Dänemark billiges Getreide importiert. Dänische Bauern züchteten Schweine, Rinder und Geflügel und exportierten Eier und Butter nach England. Die Dänen selbst verzehrten große Mengen an Fleisch und Eiern. Nach der Blockade waren sie jedoch von ihrem Getreidenachschub abgeschnitten, und es gab 5.000.000 (Getreide fressende) Haustiere und 3.500.000 Menschen, die ernährt werden mussten.

Unverzüglich wies Hinhede die Bauern an, vier Fünftel der Schweine und ein Fünftel der Rinder zu schlachten, so dass mehr Getreide für die Ernährung der Menschen zur Verfügung stünde. Zusätzlich wurde der Verzehr von Schweinefleisch oder anderen Fleischsorten eingeschränkt oder ganz ausgeschaltet. Hinhede sorgte außerdem dafür, dass die Alkoholproduktion eingeschränkt wurde, denn er wusste, dass das dazu benötigte Getreide für einen besseren Zweck verwendet werden konnte: um ein spezielles Vollkornbrot, genannt „Kleiebrot", herzustellen. Die Dänen aßen wieder mehr Haferbrei, grüne Salate, Gemüse, Erbsen, Bohnen und Früchte und verzehrten weniger Milch und Butter.

Von Oktober 1917 bis Oktober 1918 – in der schlimmsten Zeit des Krieges – entwickelte sich Dänemark zur gesündesten Nation Europas. Innerhalb eines Jahres sank bei einer Ernährungsweise, die mit der makrobiotischen vergleichbar ist, die Krebsrate um 60% und die allgemeine Sterblichkeitsrate um mehr als 40%. Nach dem Krieg kehrten die Dänen wieder zu ihrer üblichen Ernährungsweise zurück, und die Sterblichkeitsrate war bald wieder auf das Vorkriegsniveau gestiegen.

Mikkel Hinhede: „The Effects of Food Restriction During War on Mortality in Copenhagen" (Die Auswirkungen der Lebensmittelverknappung während des Krieges auf die Sterblichkeitsrate in Kopenhagen), Journal of the American Medical Association 74 (1920): 381-382.

(aus dem Buch „Der makrobiotische Weg" von Michio Kushi, Seite 29)

Beten, Andacht und Ruhe vor dem Essen

Im Übrigen ist es angebracht für religiöse Menschen, vor und nach dem Essen zu beten. Das fördert die Bewusstheit und die Verdauung. Ich meine das keineswegs zynisch – denken Sie darüber nach. Ja, und die Ungläubigen könnten vor und nach dem Essen eine Minute Besinnung einlegen. Ich bin überzeugt, dass auf diese Weise Gastritis, Magengeschwüre und Verdauungsprobleme weniger würden. Auch entsteht dadurch eine bessere Atmosphäre bei Tisch.

Um so größer der Berg, desto größer sein Schatten – oder jede Vorderseite hat eine Rückseite

Ich möchte Ihnen einen Fall aus meiner Naikido-Shiatsu-Praxis schildern. Es liegt Jahre zurück, da kam eine Klientin zum Zwecke der Persönlichkeitsentwicklung und Gesundheitserhaltung zu mir in die Praxis. Ich führte mit ihr, wie mit allen meinen KlientInnen, eine energetische Befundung und Anamnese durch.

Dabei stellte sich heraus, dass sie vegetarisch in Richtung 5 Elemente lebte. Sie schilderte mir ihre Ernährungsgewohnheiten und ich dachte: „Perfekt". Auch ihre Schlafgewohnheiten und ihre Lebensgestaltung erkannte ich als perfekt. Freizeit und Arbeit erfüllten sie vollständig. Sie schien genug Bewegung und Ruhe zu haben. Manuelles und Intellektuelles hielten sich die Waage. Ihr Familienleben schilderte sie als harmonisch, sie hatte einen Sohn mit 14 Jahren und der leibliche Vater des Kindes war ihr Partner. Ihr Interesse galt der Astrologie und esoterischer Spiritualität. Ein durch und durch bewusst und gesund lebender Mensch saß da vor mir. „Ja, eine Art Heilige", blitzte es mir durch den Kopf. Auch ihr Sexualleben war ausgewogen und ohne Makel — Sie können es sich nicht besser vorstellen.

Um so genauer und länger ich sie befragte, desto enger wurde mir. Ich stellte mir vor, wie es wäre neben so einem perfekten Wesen, das sich Mensch nannte, zu leben. Und mir wurde Angst, ich fühlte mich augenblicklich ertappt, wie wenig Platz ich doch in dieser vorgestellten Beziehung hätte.

Spontan und ohne zu überlegen, holte ich ein Päckchen Zigaretten aus der Schreibtischlade und zündete mir eine Zigarette an. Dabei sah ich sie an, um ihr zu sagen: „Wenn ich mir vorstelle, wie es mir als ihr Partner ergeht bei all ihrer gesunden, perfekten Lebensführung, bekomme ich Schuldgefühle und Platzangst! Wie geht es übrigens Ihrem Mann? Ja, und wie geht es Ihnen damit, dass ich, obwohl ich schon so viele Jahre Shiatsu praktiziere, noch immer Raucher bin?"

Nun, ich hätte die letzte Frage nicht stellen müssen, denn ihr Gesicht hatte sich seit dem Anzünden meiner Zigarette zu einer missbilligenden, ablehnenden Fratze verzogen. Und die distanzierte Kühle, die ich von Anfang an – trotz der ausgeglichenen Lebensführung bei dieser Frau – spürte, kam nun schlagartig zum Vorschein. Die Kluft zwischen ihr und mir war augenblicklich kilometerweit, obwohl uns nur 30 Zentimeter trennten. Ich dämpfte meine Zigarette aus und sah sie etwa eine Minute lang ruhig an. Dann, ohne ihre Antwort abzuwarten – ihr missbilligendes Gesicht verwandelte sich langsam zurück – sagte ich zu ihr: „Ich kann mit Naikido-Shiatsu nur Menschen begleiten und behandeln, die nicht völlig perfekt sind und die noch das Gefühl in sich verspüren, etwas lernen zu können – im Sinne von Annehmen."

Klarheit im Geist ohne Barmherzigkeit ist Kälte. Eine perfekte Lebensführung und ein klarer Geist sind noch immer eine unklare Bewusstseinsebene, wenn das Herz nicht in Frieden und Harmonie ist. Und ihres ist noch nicht friedlich, das zeigte mir ihre Reaktion auf mein Rauchen. Und hier könnte sie durch meine Begleitung noch etwas mehr an Gesundheit und Bewusstsein lernen, wenn sie es wünschte.

Nun, ich hatte eine etwas verdutzte Klientin gewonnen. Im Übrigen stellte sich heraus, dass der große Berg sehr wohl seinen Schatten warf.

Manchmal scheinen wir gesund zu leben und sind genau aus diesem Grunde in einer Atmosphäre, die Ungesundes provoziert. Die Weltgesundheitsorganisation WHO erklärt den Begriff Gesundheit meines Wissens nach etwa so: „Der Mensch hat ein Anrecht auf körperliche, seelische und geistige Gesundheit."

Ich sage: „Wenn es aber zur verdammten Pflicht wird, gesund zu sein, wird es sehr ungesund!"

Ich würde außerdem noch hinzufügen: „Wir haben ein Anrecht auf ein gesundes Herz, welches barmherzig, weise, klar, liebend und auf angemessene Weise nachsichtig ist."

Diese meine Erfahrungen beruhen auf meiner zwölfjährigen Naikan-Leiterpraxis und meiner achtzehnjährigen Naikan-Praxis, sowie meiner Tätigkeit als Naikido-Shiatsupraktiker und Naikido-Shiatsulehrer und als Koch. Ich lebte vegetarisch, makrobiotisch und fastete oftmals von Essen und Trinken, ja manches Mal auch vom Leben. Ich unterwies Menschen bei Kochkursen in ausgewogener und makrobiotischer Ernährung, leitete Essenszeremonien in buddhistischen Tempeln und hielt Vorträge zum Thema: „Die Nahrungsaufnahme der Menschen."

Heute ernähre ich mich von einer teilbiologischen Mischkost und der offenen Kommunikation, die ich mit Mensch, Tier und Natur betreibe. Im Übrigen habe ich noch einen langen Weg der Gesundung vor mir. Man kann ein Essen nur beurteilen, wenn es auf der eigenen Zunge geschmeckt wurde. Ein alter Spruch aus meinem teilgesundeten Körper.

Eine Frage zum Schluss

Haben Sie schon einmal vierzehn Tage lang aufgeschrieben, was Sie, wann Sie und wo Sie gegessen und getrunken haben? Ohne Ihre Essgewohnheiten in dieser Zeit zu ändern? Wenn nicht, könnte diese Art „Hausübung" eine erkenntnis- und erfahrungsreiche Komponente in Ihr Leben bringen. Vielleicht ziehen Sie die Möglichkeit, so eine Übung durchzuführen, in Betracht.

Kochen im Rahmen des Kinder-Camps

Wichtige Details bevor Sie zu kochen beginnen

oder

der achtfache Pfad aus der Naikan-Küche

Josef Hartl

Wichtige Details

Bevor Sie dieses Kapitel lesen, wäre es wichtig, dass Sie die Einleitung und das Kapitel vom gesunden Essen und bewussten Leben zuerst gelesen haben. Sonst könnten Missverständnisse oder Unverständnis entstehen. Sie werden in der Folge einige Unterkapitel finden, die wesentlich zum Gesamtverständnis dieses Buches beitragen.

Erstens – Wie und was wir essen und verdauen

Der Mensch isst materielle, emotionale und geistige Nahrung. Er isst mit seinen Augen, der Nase, dem Mund, seinen Ohren – ja, er isst mit all seinen ihm zur Verfügung stehenden Sinnen. Wenn wir ein uns fremdes Haus betreten, nehmen wir instinktiv wahr, wie es an diesem Ort riecht. Ist uns der Geruch nicht angenehm, so fühlen wir uns nicht unbedingt wohl. Essen Sie eine Speise mit Lust und Appetit, die für Sie nicht gut riecht – ja vielleicht die Assoziation von Gestank in Ihnen wachruft? Gewisse Speisen zu riechen, regt unseren Appetit an, andere wiederum lassen ihn sinken. Ein Streitgespräch verdirbt uns den Appetit und zu wenig gesunde emotionale Nahrung lässt uns seelisch verkrüppeln. Eine freudlose Kindheit hat häufig freudlose Menschen zur Folge. Ein freudloser Mensch wird das beste Essen in einen freudlosen Mund stopfen. Erhalten wir als Kinder keine gesunde bzw. zu wenig gesunde emotionale Nahrung oder werden durch äußere Umstände, wie Kriege, Armut oder zuviel Reichtum aus unserer Mitte vertrieben, so kann das verheerende Folgen für unseren Speiseplan und unser Essverhalten haben.

Sind Sie schon einmal neben einem gierigen Menschen am Tisch gesessen? Einem, der bevor er sein Brot zur Suppe halb aufgegessen hat, bereits auf das Körbchen schielt, ob denn noch ein weiteres Stück für ihn vorhanden sei. Dessen Augen voller Gier sind und der Angst, zu kurz zu kommen. Welch Mangelgefühl muss dieser Mensch in sich verspüren? Bei soviel schlingen und Angst ist es wohl schwer, das Essen genießen zu können.

Ich möchte auch nicht vom Speisezettel eines geizigen Menschen leben müssen. Die Angst vor dem Verhungern lässt Menschen zuweilen verhungern. Unsere Sozialisation hat viel mit dem wie und was wir essen zu tun – und das wie und was wir gelernt haben zu essen mit unserer Sozialisation. Genauso wie sich unsere Lebensinteressen, die Hobbys, der Freundeskreis usw. verändern, so verändern sich auch unsere Essgewohnheiten. Zum

„richtigen" Essen gehört also eine gewisse Form der Offenheit für Neues in uns, ein gesundes Maß von Intelligenz und Wandlungsfähigkeit.

Wir sind gezwungen alles was wir essen, zu verdauen. Essen wir zu schnell, viel oder einseitig bzw. schlichtweg das Falsche, so wird es Probleme mit der Verdauung geben. Haben wir emotional das Falsche, einseitig, zu wenig oder zu viel erhalten bzw. noch nicht alles emotional verdaut, so hat das auch eine Wirkung auf das stoffliche Verdauen der Nahrung.

Es ist eine immens wichtige Angelegenheit, für uns eine Sensibilität zu entwickeln, die uns der Situation gemäß entscheiden lässt, wie und was für uns gut ist. Die Nahrungsaufnahme ist also einem sich ständig ändernden Bewusstseinsprozess unterworfen, der innere wie äußere Umstände miteinzubeziehen hat. Denn ist die Gegebenheit auch so, dass wir gezwungen sind einen Monat nur Vollreis zu essen, so kommt es immer noch auf unsere geistige und psychische Verfassung an, wie wir diese Situation und den Reis verdauen. Der eine nimmt Schaden, der andere blüht auf – und das wohlgemerkt bei gleichen körperlichen Voraussetzungen.

Zweitens – Der Selbstmord eines Gesundheitsapostels oder wie wir aufhörten die Menschen mit Gesundheit zu vergewaltigen

Ich habe einmal in einem Buch gelesen: „Wenn man ein Jahr fleischlos und ohne tierische Nahrungsmittel zu sich nehmend lebt, so sei es sicher, dass man von selber das Zigarettenrauchen aufgibt." Nun, ich machte den Test – es war ein ziemlicher Reinfall. Als ich das erste Mal ein Jahr vegetarisch (fleischlos) lebte, nahm ich doch allen Ernstes an, ein besserer Mensch zu sein. Natürlich unternahm ich alles, um die Menschen meiner Umgebung zum Vegetarismus zu bringen. Was ja an und für sich o.k. ist, jedoch zu einer geistigen Vergewaltigung führt, wenn es aus dem Bewusstsein kommt, dass man als Vegetarier ein besserer Mensch sei. Warum? Nun, das liegt doch auf der Hand. Man vergewaltigt sich noch selbst, denn sonst bräuchte man nicht das Bewusstsein ein besserer Mensch zu sein und andere hierzu bekehren zu müssen. Hier geht es nicht um das Wohl der anderen Menschen, sondern viel mehr um das Eigenwohl. Als ich diese Vorgänge mehr und mehr durchschaute, begann der Gesundheitsapostel in mir einen langsamen, unbemerkten, jedoch stetigen Prozess, den ich heute als schleichenden Selbstmord bezeichne. Dieser Prozess dauerte viele Jahre und mit dem Entstehen dieses Buches darf der Leichnam des Apostels endlich in Flammen und gesundem Rauch aufgehen.

Die fruchtbare Asche des Apostels hat eine viel klarere Botschaft. Nämlich: „Es ist viel sinnbringender als Spiegel denn als Lautsprecher zu dienen. Einen Bewusstwerdungsprozess in Gang zu setzen ist zielführender als vorzugeben, für andere das richtige Bewusstsein im Handgepäck dabeizuhaben."

Was bedeutet das im echten Leben? Nun, früher wurden von uns die Menschen beim Naikan makrobiotisch oder großteils makrobiotisch versorgt. Also kein weißer Zucker, kein Fleisch und außerdem auch möglichst wenig bis fast keine tierischen Produkte. Das, obwohl sie eine Woche von unserem Essen abhängig, und die meisten ganz durchschnittliche Österreicher, Deutsche oder Schweizer in ihrem Essverhalten waren. Also Schnitzel, Weißwurst, Bernerwürstel mit Rösti, etc.! Eine Woche fleischlos o.k., aber eine Woche ohne Butter, Eier, Käse – das war zu viel, zu schnell, ein echter Kulturschock. Es tut mir heute Leid, dass ich diesen Menschen zuviel zugemutet habe. Es ist niemand daran gestorben, jedoch sinnbringend war diese Art der Nahrungsumstellung nicht.

Natürlich bin ich der Meinung, dass naturbelassene, vollwertige Nahrungsmittel gesünder sind als raffinierte Produkte. Jedoch genügt für die meisten schon für das Erste eine Umstellung von Fleisch auf vegetarisch. Wenn wir von einem vermeintlichen Gespenst überrascht werden, ist die Auswirkung auf uns eine andere, als wenn wir uns von selbst dem vermeintlichen Gespenst annähern. Und zwar in einem Tempo, das zumindest annähernd dem unseren entspricht. Es ist zielführender einem vermeintlichen Gespenst nach und nach die Kleider des Grauens auszuziehen, um verstehen zu lernen, warum es diese Kleider benötigte. Reißen wir ihm die Kleider vom Leib, kommen wir meist mit der Nacktheit nicht zurecht. Auch wenn diese Nacktheit eine schöne, begehrenswerte sein sollte. Deswegen gibt es bei uns im Naikan-Haus eine Küche, in der man weißen Zucker, Honig und vielerlei Produkte findet, die noch sehr an die Kleider eines furchteinflößenden Gespenstes erinnern.

Wir weisen die Menschen lediglich auf die Möglichkeit hin, ihr Gespenst zu entkleiden oder sich schönere Kleider zu besorgen. Auch können sie lernen, wie man sie richtig aus- und anzieht. Wie? Nun, indem der Gesundheitsapostel in ihnen nach und nach Selbstmord begeht und sie zur Asche des Lebens werden. Die Auseinandersetzung mit der Nahrungsaufnahme ist ein Teil, Naikan, ZaZen, Achtsamkeit und ein gesundes Maß an Altruismus und Gleichmut sind weitere Teile und Qualitäten die uns dabei helfen.

Drittens – Weißer Zucker oder der Wolf im Schafspelz

Stellen Sie sich vor, die Konditoreien in ganz Österreich werden geschlossen, die Bäckereien erzeugen keine Süßspeisen mehr und Sie erhalten keinen weißen Zucker mehr für Ihre unwiderstehlichen Vergnügungen. Ich befürchte, das wäre ein Ausgangsszenario für eine bürgerliche Rebellion. Mancher würde für ein Gramm Zucker ähnliche Preise wie für Kokain bezahlen. Es würden die Zuckerdealer wie Pfifferlinge nach einem warmen Spätsommerregen aus dem Boden sprießen.

Und was sagt uns das? Zucker ist ein extrem begehrter und süchtigmachender Stoff. Ich spreche von weißem Einfachzucker, aus der Zuckerrübe und dem Zuckerrohr gewonnen. Was ich während meiner Shiatsu-Ausbildung über diesen süßen Stoff von dem die schlechten Zähne kommen gehört habe, finden Sie nachstehend. Bilden Sie sich bitte selbst Ihre Meinung. Und vielleicht ziehen Sie die Möglichkeit in Betracht, Ihren Zuckerkonsum um 50 Prozent zu reduzieren. Das wäre ein toller Anfang am Weg in die Freiheit und Unabhängigkeit von Sachertorte, Schokoriegel und Sahneschnitten.

Wichtige Details

Der Mensch braucht Zucker; jedoch keinen raffinierten weißen und braunen Rüben- oder Rohrzucker. Dieser hat wenig Nährwert und ist außerdem schädlich für unsere Gesundheit. Wenn wir den Weg dieses Zuckers durch unseren Körper verfolgen, sehen wir das Folgende:

im Mund	Die gute Bakterienflora wird zerstört und das Gebiss angegriffen (verfaulte Zähne, entzündetes und blutendes Zahnfleisch).
im Magen	Der raffinierte Zucker verursacht hier eine sehr saure Reaktion. Weil es keine feste Substanz gibt um auf den sehr sauren Magensaft einzuwirken, greift dieser die Magenwand an (Magengeschwür, Magenkrebs).
in den Därmen	Das Wachstum bestimmter Bakterien, die Vitamin B verbrauchen, wird durch den raffinierten Zucker stimuliert. Vitamin B-Mangel macht uns vor allem geistig schwach.
im Blut	Durch den hohen Säuregehalt im Magen wird auch das Blut sehr sauer. Normal sollte es leicht alkalisch sein. Saures Blut ist anziehend für allerlei Viren, Bakterien und Insekten. Der Zuckerüberschuss, der nicht in der Leber gespeichert werden kann, kommt als Fettsäure in das Blut und verursacht unter anderem Arterienverkalkung.
in den Knochen	Um das saure Blut zu neutralisieren, sind Minerale notwendig, vor allem Kalk und Magnesium. (Sie können das vergleichen mit dem Hinzufügen von Kreide an den Rhabarber, um diesen weniger sauer zu machen). Der größte Anteil von Kalk und Magnesium wird in unseren Knochen und Zähnen gespeichert; diese Minerale werden entzogen, wodurch die Knochen immer schwächer werden.

Außer den genannten Krankheiten und Abweichungen verursacht der raffinierte Zucker Fettleibigkeit, Zuckerkrankheit, Herz- und Gefäßkrankheiten. Die meisten Menschen realisieren nicht, wie viel Zucker sie essen, weil sie diesen indirekt in Konservennahrung und in anderen industriell zubereiteten Nahrungsmitteln zu sich nehmen.

Wichtige Details

Den raffinierten Zucker können wir durch sogenannte mehrfache Zucker (Polysaccharide), die im Getreide, in Bohnen und im Gemüse enthalten sind, ersetzen. Bei einer guten Zubereitungsweise kommt der süße Geschmack deutlich zum Vorschein. Am Anfang wird es noch etwas schwierig sein diesen verfeinerten süßen Geschmack wahr zunehmen. Dies verändert sich jedoch selbst nach einiger Zeit.

Getränke, Gebäck und Desserts könnten gesüßt werden mit:
- Getreidezuckern, wie Gersten- und Reismalz
- getrockneten Früchten
- eingedickten Säften und Sirupen
- süßen Früchten (Kürbis)
- Kastanien

Raubbau

Weißer Zucker ist reine Saccharose ohne irgendwelche andere Nährstoffe. Darum wird Zucker auch Lieferant leerer Kalorien genannt. Zucker wird auch soweit raffiniert, dass ein Kilogramm Zuckerrüben nur 100 Gramm weißen Zucker ergeben. Ein 90 Zentimeter langes Zuckerrohr ergibt nur einen Teelöffel weiße Zuckerkörnchen. Essen wir reinen Zucker (Saccharose), dann muss der Körper selbst für Eiweiße, Vitamine und Minerale sorgen, um die Saccharose verdauen zu können. Auf diese Weise werden Reserven, die der Körper jahrelang aufgebaut hat, nutzlos verbraucht. Das Traurigste ist, dass die Jugend von heute meistens mit einem Übermaß an Zucker aufwächst und überhaupt keine Reserven hat, aus denen sie schöpfen kann, so dass in immer jugendlicherem Alter Degenerationskrankheiten und Gebrechen auftreten, die direkte Folge dieses Raubbaus sind.

Rohrzucker

In Naturkostkreisen wird ein Unterschied zwischen weißem Zucker und dem Zuckerrohr gemacht. Die Realität ist, dass der größte Teil des Rohrzuckers Zucker enthält, dem Melasse zugefügt wird. Melasse enthält eine kleine Menge Minerale und Vitamine und hat praktisch die gleiche Wirkung auf den Körper wie der weiße Zucker.

Wichtige Details

Flutwelle

Saccharose produziert im Magen zuviel Säure, wodurch die Magenwand gereizt wird und die Hormonaktivität erhöht wird. Der Blutglucosegehalt steigt schnell, zu schnell. Insulin wird von der Bauchspeicheldrüse abgeschieden, um den Überschuss Glucose in Glucogen umzusetzen. Glucogen wird in der Leber gespeichert. Aber weil dieser Vorgang zu schnell gestartet wird, dreht der Rest auch völlig durch. Die Bauchspeicheldrüse scheidet zuviel Insulin ab und der Blutzuckergehalt sinkt weit unter die Normalgrenze. Die Nebennieren produzieren ihrer Reihe nach Hormone um Glucogen wieder in Glucose umzusetzen, so dass der Blutzuckergehalt wieder steigt. Dieser ganze Vorgang, der durch den Konsum von Saccharose (weißer Zucker) in Gang gebracht wird, kann mit einer enormen Flutwelle verglichen werden. Es ist selbstverständlich, dass nach einiger Zeit die Bauchspeicheldrüse und die Nebennieren auf Grund dieses erschöpfenden Vorgangs angegriffen werden.

Degenerationskrankheiten

Außerdem verursacht Saccharose bei einer großen Zufuhr von Fettsäuren, die sich an nicht aktiven Stellen des Körpers wie der Magengegend, den Hüften, Oberschenkeln, Brüsten und später in den Nieren und im Herz ansammeln, Degenerationskrankheiten und ist der größte Übeltäter für Übergewicht.

Ganze Getreidekörner

Die beste Glucosequelle für den Körper und das Blut sind mehrfache Zucker aus ganzen Getreidekörnern, die aus Glucoseketten bestehen. Wenn ganze Getreidekörner gut gekaut werden, zersetzt der Speichel die mehrfachen Zucker zu Maltose, die danach von dem Magen, den Därmen weiter in Glucose umgewandelt werden. Die Aufnahme von Glucose ist hierdurch langsam aber regelmäßig, wodurch unsere Energie gleichmäßig über den Tag verteilt wird.

Wichtige Details

Das Zuckermärchen – was die Ernährungsberatungstelle zwar weiß, aber nicht zu sagen wagt

In den letzten eineinhalb Jahrhunderten ist der Zuckerverbrauch z.b. in den Niederlanden bis zu ungefähr 60 kg pro Person und Jahr erschreckend angestiegen. Die Hälfte davon wurde als weißer Zucker gegessen und die andere Hälfte wurde in Lebensmitteln wie Eis, Gebäck, Kuchen, Soft Drinks, Süßigkeiten, Chips, Tiefkühlkost und Konservenkost verarbeitet. Noch immer werden Millionen ausgegeben, um Zucker als die Kraftnahrung an den Mann zu bringen und es wird so getan, als ob Zucker für unsere Ernährung notwendig wäre. Jährlich kommen mehr „Beweise" gegen den Zuckergebrauch zum Vorschein. Diese Tatsachen zeigen, dass es sehr bedenklich erscheint, weiter Zucker anzubieten.

Der bekannte Ernährungswissenschaftler Prof. John Yudkin sagt über Zucker: „Es gibt kein physiologisches Bedürfnis nach Zucker. Alle Nährstoffe, die der Mensch braucht, kann er vollständig bekommen ohne auch nur einen Esslöffel Zucker, als Kristalle oder verarbeitet, zu sich zu nehmen."

Medizinisch gesehen ist Zucker ein wichtiger Faktor für die Entstehung von Krankheiten wie Diabetes, Zahnfäulnis, Krebs, Gelbfieber, geistige Krankheiten, Allergien, Tuberkulose und Übergewicht. Um noch einmal Yudkin zu zitieren: „Wenn sich auch nur ein kleiner Teil dessen, was wir über die Auswirkungen von Zucker gesichert wissen, für irgendeinen anderen Nahrungsmittelzusatz stichhaltig nachweisen ließe, würde dieser Stoff mit Sicherheit verboten werden."

Zucker, Stärke und Kohlenhydrate

Einer der Gründe warum die Werbung für Zucker so irreführend ist, ist das Wort Zucker. Im niederländischen und europäischen Sprachgebrauch wird dieses Wort mit dem weißen Zucker gleichgesetzt, der aus dem Rohrzucker und den Zuckerrüben gewonnen wird.

Kohlenhydrate werden umgangssprachlich als Zucker – wissenschaftlich als Saccharide – bezeichnet. In der Namensgebung kann man die Kohlenhydrate meist an ihrer Endung „ose" erkennen. Beispiele hierfür sind Glucose (Traubenzucker), Fructose (Fruchtzucker), Laktose (Milchzucker), Saccharose (Rüben- oder Rohrzucker) oder Cellulose (Zellstoff).

Wichtige Details

In der Natur findet man ihn vor allem in Früchten, Erdäpfeln, Hülsenfrüchten und Getreide. Die wichtigsten Quellen für die Herstellung von Kristallzucker – dem beliebtesten Süßmittel in den Industriestaaten – sind Zuckerrüben und Zuckerrohr. Die Rübe der Zuckerrübe kann einen Zuckeranteil um die 18% enthalten. In den Stängeln des Mais- und Schilfähnlichen Zuckerrohres findet man ungefähr 9 – 16% Zucker. Honig ist mit seinen rund 80% Zuckergehalt aber unangefochtener Anführer unter den natürlichen Kohlenhydratquellen.

In unserer Ernährung spielen aber immer mehr künstliche Kohlenhydratquellen eine Rolle. Das riesige Süßwaren- und Getränkeangebot wird zu einem immer größeren Ernährungsproblem. Das Problem liegt in der psychischen Wirkung von Kohlenhydraten. Sie wirken euphorisierend. Man ist zufriedener, glücklicher – Kohlenhydrate sind leicht verdaulich und schmecken eben gut. Nicht umsonst spricht man davon, das süße Leben zu genießen.

Bei den Kohlenhydraten nennt man die Grundbausteine Einfachzucker (Monosaccharide). Sind zwei Bausteine vereint, dann spricht man von Zweifachzucker (Disaccharide), bei drei von Dreifachzucker (Trisaccharide) und bei vier von Vierfachzucker (Tetrasaccharide). Kohlenhydrate mit bis zu 20 Bausteinen nennt man Oligosaccharide. Alle Kohlenhydrate mit noch mehr Bausteinen werden den Mehrfach- oder Vielfachzuckern (Polysacchariden) zugeordnet.

Bei Bildungen von immer längeren Kohlenhydratketten stellt sich die Frage, woher die Bauteile – die Einfachzucker – herkommen. Pflanzen sind die einzigen Lebewesen, die zur Produktion neuer Einfachzucker in der Lage sind. Der zentrale Prozess ist die Photosynthese.

Einfachzucker

Traubenzucker (Glucose)

Traubenzucker kommt in allen Zellen vor. Es ist der wichtigste und universellste Grundbaustein für die meisten anderen Kohlenhydrate. In vielen Früchten (Weintrauben, Bananen, Äpfel, Birnen) wird Traubenzucker als Speicherstoff verwendet. Außerdem wird er bei der Zerlegung von Speicher-Kohlenhydraten (Vielfachzucker) frei. Traubenzucker ist gut in Wasser löslich und schmeckt mittelmäßig süß.

Fruchtzucker (Fructose)

Der Name Fruchtzucker deutet schon auf das Hauptvorkommen hin. Wohl jede süßliche Frucht besitzt einen mehr oder weniger großen Anteil an Fruchtzucker. Typische Vertreter fruchtzuckerhaltiger Früchte sind Kirschen und Zwetschken. Die Süßkraft von Fruchtzucker ist ausgezeichnet. Er schmeckt also besonders süß. Seine Wasserlöslichkeit ist mit der von Traubenzucker vergleichbar.

Zweifachzucker

Rübenzucker / Rohrzucker (Saccharose)

Ob es sich beim Haushaltszucker um Rüben- oder Rohrzucker handelt, ist nur durch die Untersuchung von begleitenden Stoffen festzustellen. Chemisch sind beide Zucker völlig identisch. Je nach Zuckerquelle erhält der Zucker seinen Namen. Zuckerrüben und Zuckerrohr sind nur zwei Pflanzen mit einem sehr hohen Zuckeranteil. Auch andere Pflanzen enthalten – zum Teil auch noch größere Mengen – Saccharose. Weißer Zucker (Raffinade) ist ein sehr gründlich gereinigter Zucker. Brauner Zucker enthält noch Anteile von Zuckersirup. Er ist dadurch aromatischer und auch gesünder.

Milchzucker (Lactose)

Auch bei diesem Zucker lässt sich das Vorkommen schon aus dem Namen ableiten. Die Milch aller Säugetiere enthält als Zuckerbestandteil vorrangig Milchzucker. Ein Lactose-Molekül besteht aus einem Galaktose- und einem Glucose-Baustein. Der jeweilige Lactose-Anteil in der Milch der verschiedenen Säugetiere ist artspezifisch. Deshalb ist auch jeweils die arteigene Muttermilch für Säuglinge die beste Nahrung. Mit dem Milchzucker verbindet man allgemein eine schwache Süßkraft. In Wasser ist er schlecht löslich.

Malzzucker (Maltose)

Malzzucker ist zum einen Zwischenprodukt bei der Stärkeherstellung in den Zellen, zum anderen Abbauprodukt bei der Stärkezerlegung. Besonders keimende Samen enthalten viel Malzzucker. Malzzucker ist sehr gut in Wasser löslich und schmeckt leicht süß. Er ist sehr leicht zu Traubenzucker abbaubar.

Wichtige Details

Dreifachzucker

Raffinose

Raffinose kommt in dicken Bohnen, Soja, Baumwollsamen und Zuckerrüben vor. Er setzt sich aus den drei Bausteinen Galaktose, Glucose und Fructose zusammen. Der Geschmack von Raffinose selbst ist ganz schwach süß. Nach kurzem Einfluss von kohlenhydratspaltenden Enzymen (z.B. im Mundraum) werden die einzelnen sehr süß schmeckenden Bausteine freigesetzt. Raffinose ist schwerer in Wasser löslich als die etwas kleinere Saccharose.

Mehrfachzucker

Dextrine

Der Name Dextrine deutet es schon an. Es handelt sich hier nicht um einen einzelnen Stoff, sondern um eine Gruppe von bauähnlichen Molekülen. Dextrine sind Spaltprodukte der längerkettigen Vielfachzucker (Polysaccharide). Ihre Kettenlänge kann 10 bis 30 Einfachzucker-Bausteine haben. Die Moleküle der Dextrine zeigen erste Ansätze einer Spiralform. Die Mehrfachzucker zeigen bei vielen Eigenschaften einen Übergang zwischen Einfach- bzw. Zweifachzuckern und den Vielfachzuckern. So schmecken sie nur noch ganz leicht süß, aber auch noch nicht mehlig. Sie lösen sich noch teils (kolloidal) in Wasser, quellen aber auch schon merklich und verkleistern leicht.

Vielfachzucker

lösliche Stärke (Amylose)

Amylose ist ein wesentlicher (rund 15 bis 20%) Bestandteil aller Stärken (Amyl=native/natürliche Stärke). Sie besteht aus spiralig aufgewundenen Traubenzucker-Molekülketten. In einem Molekül der Amylose sind normalerweise zwischen 250 und 300 Traubenzucker-Bausteine vereint.

Leberstärke/tierische Stärke (Glykogen)

Leberstärke ist die bei Tieren vorherrschende Stärkeart. Sie kommt außer in der Leber auch in der Muskulatur in größeren Mengen vor.

Zellstoff (Cellulose)

Zellstoff ist mit 40 bis 50% neben dem Holzstoff (Lignin) der wichtigste Stoff im (trockenen) Holz. Zellstoff ist ein kettenförmig gebautes Molekül aus bis zu 14.000 Bausteinen. Auch hier ist Glucose der Baustoff.

Süßkraft

Vor allem die Einfach- und Zweifachzucker besitzen eine mehr oder weniger stark ausgeprägte Süßkraft. Diese hängt besonders von der Art der Sinneszellen auf unserer Zunge ab. Auf bestimmte Zucker reagieren diese Sinneszellen besonders empfindlich und vermitteln uns dann einen intensiven, süßen Geschmack. Die nachfolgende Liste zeigt die Süßkraft einiger Zuckerarten. Die Werte beziehen sich auf Rübenzucker (entspricht 100%).

Fruchtzucker	117%
Rübenzucker	100%
Traubenzucker	70%
Malzzucker	42%
Milchzucker	40%
Stärke	0%

Blutzuckergehalt

Um den Körper mit Energie zu versorgen, haben wir tatsächlich Zucker nötig, aber damit ist die chemische Bedeutung des Wortes Zucker gemeint.

Der Zucker, der eigentlich die Energie liefert, ist Glucose. Unser Blutzuckergehalt ist ein Glucosegehalt. Um diesen Gehalt in Schranken zu halten, muss der Körper Nahrung zu sich nehmen, die in Glucose umgewandelt werden kann. Wenn wir Zuckerrüben oder Zuckerrohr essen, wird der Körper diese(s) unter anderem in Glucose und Fruktose umwandeln. Außer Saccharose enthalten Zuckerrohr und Zuckerrübe in ihrer ursprünglichen Form Eiweiße, Vitamine, Minerale und Fasern.

Wichtige Details

Alternativen für Zucker

In Naturkostkreisen wird öfters Honig als das Ersatzmittel für Zucker angepriesen. Honig besteht aber zu mehr als 75% aus einfachen Zuckern. Wenn der Körper jedoch auch nur wenig umwandelt, entsteht eine Höchstlieferung von Energie, wonach eine ganze Zeit die Energiezufuhr sehr niedrig ist. Empfehlenswert sind die Süßstoffe, die aus mehrfachen Zuckern gewonnen werden, wobei Vitamin B, Minerale und Spurenelemente noch in ihrer natürlichen Proportionalität vorhanden sind. Die besten konzentrierten Süßstoffe sind Gerstenmalz, das aus Maltose, und Reismalz, das aus Glucose besteht.

Maismalz enthält von den Getreidesirupen den geringsten Anteil Maltose, kann aber vor allem bei der Umstellung auf eine natürlichere Ernährung wegen seines neutralen Geschmacks und seiner Süßkraft empfohlen werden.

Test

Regelmäßiger Verzehr von raffiniertem Zucker verflacht unsere Geschmackspapillen und langsam aber sicher werden wir unseren Geschmack für die subtilere Süße von Getreide und Gemüse verlieren. Früchte finden wir noch süß genug, aber wie finden wir Zwiebeln, Karotten, Kürbisse, ...? Früher nannte man diese Gemüsearten süß, aber jetzt? Testen Sie Ihre Gesundheit und Ihre Geschmackspapillen, indem Sie ein Monat lang keinen Zucker und Honig essen und an Stelle von Erdäpfel und Fleisch ganze Getreidekörner zu sich nehmen. Essen Sie nach diesem Monat etwas Zucker; er wird Ihnen viel zu süß vorkommen, und die Chance ist groß, dass Sie eine Art Kater in Form von Kopfweh bekommen. Das ist etwas ganz anderes als das was die Werbung für Zucker Ihnen immer verspricht.

Vorsicht vor Süßstoff (unter anderem Sorbitol)

Süßstoffe (Sorbitol) sind mindestens so schädlich wie Zucker, wenn nicht noch schlimmer. In Amerika ist es verpflichtend auf dem Etikett anzugeben, dass Sorbitol bei Tieren krebserzeugend ist.

Schlussfolgerung: Künstliche Süßstoffe sind kein guter Ersatz für Zucker.

Wichtige Details

Viertens – Das Meersalz, das unsere Suppe nicht versalzt

Die meisten Menschen verwenden beim Kochen zu viel Salz. Wohl ein unbewusster Versuch, die mindere Qualität des handelsüblichen Tafelsalzes mit Quantität auszugleichen. Handelsübliches Salz wird extrem erhitzt und schließlich raffiniert. Kalium-Jodverbindungen werden zugefügt, Zusätze wie Dextrose (Zucker), Natriumbikarbonat und Siliziumaluminat lassen das Salz schön weiß erscheinen und machen es stark rieselfähig. Also Salz aus dem Bergwerk, das industrialisiert und chemisch bearbeitet wird – wenig Natur also. Hingegen wird Meersalz meist durch einfache Extraktion mittels Sonnenbestrahlung gewonnen. Meersalz besteht bis zu fünf Prozent aus natürlichen Mineralien. Enthalten sind Kalium, Kalzium, Magnesium sowie Spurenelemente, die sein natürliches Aroma ausmachen. Der wesentliche Vorteil von Meersalz ist vor allem, dass die Minerale und Spurenelemente, die in natürlicher Form enthalten sind, vom Körper leichter aufgenommen werden können als die chemisch hinzugefügten.

Von zuviel Salz ist grundsätzlich abzuraten, da es die Organe überbelastet und den Eigengeschmack des Nahrungsmittels zudeckt.

Fünftens – Gomasio, eine Würze für die Zunge

Gomasio oder Sesamsalz wird aus einem bis zwei Teilen (Esslöffel) Meersalz und 10 bis 14 Teilen (Esslöffel) Sesam hergestellt.

Man röstet das Meersalz ohne Fett in einer Pfanne bis es leicht zu rauchen beginnt und gibt es dann in einen Mörser. Anschließend röstet man Sesam ebenfalls in einer Pfanne ohne Fett. Solange bis er einen leichten Braunstich bekommt (die Körner beginnen zu hüpfen). Der Sesam wird zum Meersalz in den Mörser gegeben und dort zerstoßen – nicht zuviel, denn das Gemisch soll eine grobe Konsistenz behalten.

Gomasio ist eine ideale Würze für Salate, Tofugerichte, Vollreis oder Butterbrot. Je nach Salzanteil und der mehr oder weniger intensiven Röstung des Sesamsamens bekommt man ein salzig-rauchig und sehr gut schmeckendes Gewürz. Es kann für viele Speisen zum nachwürzen bei Tisch verwendet werden. Auch kann es auf Vorrat hergestellt und im Kühlschrank aufbewahrt werden. Das Mahlen (Mörsern) kann auch mit einer elektrischen

Wichtige Details

Kaffeemaschine, die normalerweise für das Mahlen der Bohnen genommen wird, gemacht werden. Jedoch ist, wenn man Zeit hat, das Mörsern vorzuziehen. Es hat eine bessere Energiequalität.

Sechstens – Miso, Tamari und Tamari-Sojasauce

Miso ist eine Paste aus fermentierten Sojabohnen und aus der ostasiatischen Küche nicht wegzudenken. Manchmal sind im Miso auch Vollgetreide, Gewürze oder Algen enthalten. Für „Neulinge" ist das helle Vollreismiso zu empfehlen. Je dunkler das Miso ist desto intensiver ist es in seinem Geschmack. Es ist eine ausgezeichnete Quelle für Natrium und für leicht verdauliches Eiweiß. Miso ist reich an lebenden Enzymen, die die Verdauung anregen und die Verdauungsorgane stärken. Hochwertiges Miso, das einen natürlichen Fermentierungsprozess durchlaufen hat (ähnlich dem Sauerkraut), wird für Suppen, Saucen, Dressings oder Bohnenspeisen verwendet.

Tamari erhält man bei der Gewinnung von Miso.

Tamari-Sojasauce wird aus Sojabohnen und Weizen ohne Zusatzstoffe oder Konservierungsmittel hergestellt. Normale Sojasaucen, die etwa in China-Restaurants verwendet werden und die meisten handelsüblichen Sojasaucen in Supermärkten, werden mit chemischen Zusatzstoffen, Konservierungsmitteln, Maissirup etc., hergestellt. Sie sind zwar billiger, jedoch ist davon abzuraten. Echtes Tamari oder Tamari-Sojasauce ist dicker, salziger und voller im Geschmack. Man braucht davon nur kleine Mengen zum Würzen. Es wird in Suppen, Gemüse, Dressings etc. verwendet und gibt einen eigenen, sehr „asiatischen" Geschmack. Experimentieren Sie ruhig ein wenig damit.

Elena sucht die Sojasauce

Wichtige Details

Siebentens – Umeboshi, das absolute Japan im Mund

Umeboshi sind in Salz eingelegte Pflaumen. Diese leicht sauren und sehr, sehr salzigen Pflaumen sind in Ihrer ursprünglichen Form oder als Paste erhältlich. Es gibt jedoch große Qualitätsunterschiede. In Japan gibt es sogar welche mit Fischgeschmack. Umeboshi sind pure Medizin – sie wirken alkalisierend und eignen sich ausgezeichnet zur Bekämpfung eines übersäuerten Magens und machen das Blut basisch. Sie unterstützen die Verdauung und sorgen für eine gute Darmflora, da die in ihnen enthaltene Milchsäure schädliche Mikroorganismen neutralisiert. Auch helfen sie gegen Fäulnisbildung im Darm und Blähungen.

Falls Sie Lust auf eine Magen-Darm-Sanierung haben, führen Sie folgende Kur durch: 1 Monat lang täglich auf nüchternen Magen eine Umeboshipflaume 5 Minuten lang im Mund kauen und lutschen, bis nur mehr der Kern übrig bleibt. Dann trinken Sie eine Tasse grünen Tee (Sencha). Sie werden sehen, das macht Sie wach und Sie fühlen sich nach dieser Kur wohler – ja, wie ein/e Großweltmeister/in der Gesundheit. Auf alle Fälle wird es Ihrem Magen und Darm gut tun.

Wenn Sie diese Hardcore-Version aber ablehnen, verwenden Sie ein bis zwei Pflaumen in der Misosuppe oder beim Kochen von Vollreis. Die Umeboshi-Pflaumen werden als Gewürz vor allem in der japanischen Küche verwendet.

Achtens – Von Bohnen, Tofu und Meeresgemüse (Algen)

Am Ende des achtfachen Pfades lasse ich den Makrobiotik-Papst der Neuzeit und des Westens, Herrn Michio Kushi, sprechen. Ich zitiere in diesem Kapitel aus seinem Buch „Der makrobiotische Weg". Nehmen Sie sich vom Folgenden heraus, was Sie brauchen und für richtig finden. Vielleicht ist es auch für Sie eine Anregung, einmal mit etwas eher Unbekanntem zu kochen.

Wichtige Details

Nahrhaftes aus dem Meer

Extrakte aus Seealgen (Meeresgemüse) werden fast allen Arten von industriell hergestellten Lebensmitteln zugesetzt – vom Pudding über Eiscreme bis hin zu Salatsaucen, Käse- und Brotsorten. Tatsächlich enthält nahezu jedes Produkt, in dem Stabilisatoren oder Verdickungsmittel verwendet wurden, Algin oder Agar-Agar (Extrakte aus Meeresgemüsen). Es ist jedoch ein großer Unterschied, ob man die Meeresgemüse in Form von Nahrungsmittelzusätzen oder in ihrer natürlichen Form, so wie sie aus dem Meer kommen, zu sich nimmt.

Seit vielen Jahrhunderten werden diese Meeresgemüse von Küstenvölkern in aller Welt geerntet und verzehrt. Die Chinesen, Iren, Briten, Isländer, Kanadier, Japaner, Indianer, Hawaianer, Koreaner, Russen, Eskimos und Südafrikaner sind nur einige der Völker, bei denen Algen seit jeher einen festen Bestandteil der Ernährung bilden. Vor einigen Jahren wurde die purpurfarbene Rotalge von Straßenverkäufern in Boston angeboten. In den Küstengebieten Kanadas und in Schottland serviert man in den Pubs einen Imbiss, der aus Rotalgen hergestellt wird. In Russland gibt es ein alkoholisches Getränk auf Algenbasis und eine spezielle Gemüsemischkonserve, genannt Seekohl, die neben Roten Beeten und Tomaten hauptsächlich Algen enthält. Die Küstenbewohner Islands verwenden die Algenart „Irisch-Moos" seit Jahrhunderten in ihren traditionellen Rezepten für Brot, Gebäck, Getränke und als Geliermittel. In Japan, wo wahrscheinlich mehr Meeresgemüse konsumiert werden als in irgendeinem anderen Land der Erde, gibt es sogar Qualitätsnormen für Algen, die mit den Qualitätsrichtlinien für Fleisch oder Milchprodukte in unserem Land vergleichbar sind. Meeresgemüse bilden einen wesentlichen Bestandteil der makrobiotischen Ernährung. Sie zählen zu den nahrhaftesten Lebensmitteln, die es auf der Erde gibt. Die Algenart Kelp enthält beispielsweise einhundertfünfzigmal soviel Jod und achtmal soviel Magnesium wie Gartengemüse. Die Rotalge enthält dreißigmal soviel Kalium wie die Banane und zweihundertmal soviel Eisen wie die Rote Beete. Nori, eine braune Algenspezialität, die in Form von dünnen, rechteckigen Blättern gehandelt wird, enthält soviel Vitamin A wie die Karotte und doppelt soviel Eiweiß wie einige Fleischsorten. Hijiki, eine blauschwarze, spaghettiförmige Algenart, enthält vierzehnmal soviel Kalzium wie Vollmilch. Kombu, ein braunes Meeresgemüse, das in Streifen von etwa 25 cm Länge verkauft wird, enthält soviel Phosphor wie süßer Mais. Algen enthalten die Vitamine A, B_1 (Thiamin), C und E sowie das wichtige Vitamin B_{12}, ein lebenswichtiger Faktor, der in vegetarischen Ernährungsformen oft fehlt, vom Körper jedoch dringend zur Ge-

sunderhaltung des Nervensystems und des Blutes benötigt wird.

Während ihres Wachstums wandelt die Alge die anorganischen Mineralien des Meerwassers in organische Mineralsalze um, die mit Aminosäuren verbunden sind – die ideale Form, in der der menschliche Körper die notwendigen Mineralstoffe zum Schutz des Herzens und zur Kräftigung von Haaren, Nägeln, Muskeln, Knochen, Blut und Haut aufnehmen kann. Da die moderne Agrartechnologie zu einer ständig fortschreitenden Mineralstoffverarmung unserer Böden führte, ist es durchaus möglich, dass die allgemeine Einbeziehung von Meeresgemüsen in unsere Ernährung in absehbarer Zeit die einzig sichere Methode sein wird, uns ausreichend mit allen lebensnotwendigen Spurenelementen zu versorgen. Außer den Mineralstoffen benötigt unser Körper winzige Mengen der Spurenelemente Kobalt, Kupfer, Chrom, Fluor, Mangan, Molybdän, Selen und Zink, um die normalen Stoffwechselprozesse aufrechterhalten zu können.

Algen wirken direkt auf das Blut, indem sie einer Übersäuerung entgegenwirken und Ansammlungen von Fett und Schleim neutralisieren. Eine als Alginsäure bezeichnete Substanz, die besonders in den dunkleren Sorten wie Kombu und Wakame vorkommt, wandelt toxische Metalle im Darm in harmlose Salze um, die leicht ausgeschieden werden können. 1964 demonstrierten Wissenschafter der McGill Universität in Montreal, dass Algen die Fähigkeit besitzen, das radioaktive Element Strontium 90 im Körper zu neutralisieren. Neben ihrer positiven Wirkung auf die Gesundheit können Algen auch eine sehr wohlschmeckende Nahrungsergänzung sein. Alle, die die makrobiotische Ernährung neu kennen lernen, werden feststellen, dass Algen den Geschmack von Suppen oder Bohnengerichten noch unterstreichen, indem sie das Aroma der anderen Zutaten hervorheben.

Empfehlenswerte Meeresgemüse (Algen):
Agar-Agar, Arame, Rotalgen, Hijiki, Irisch-Moos, Kelp, Kombu, Nori, Wakame.

Bohnen und Bohnenprodukte

Seit über 8.000 Jahren werden Bohnen in allen Kulturen der Welt wegen ihres hohen Nährwertes geschätzt. Mit dem Beginn der agrikulturellen Revolution im 18. Jahrhundert verloren sie jedoch im Westen an Bedeutung, da nun Fleisch, Geflügel und andere Produkte tierischen Ursprungs zur Haupteiweißquelle wurden.

Wichtige Details

Die Makrobiotik ist bestrebt, der lange Zeit zu Unrecht vernachlässigten Bohne in Verbindung mit Getreide wieder zu dem ihr gebührenden Platz auf dem Esstisch zu verhelfen. Bei allen auf Getreidekost basierenden Ernährungsformen wurden die Getreide traditionsgemäß mit Bohnen kombiniert. In vielen Teilen Europas, Asiens und des Mittleren Ostens, in Süd- und Mittelamerika und in Afrika stellen Bohnen und Getreide die Haupteiweiß- und Kohlehydratquellen dar.

Die moderne Wissenschaft ergründete auch, weshalb diese Kombination so wirkungsvoll ist: Bohnen- und Getreideeiweiß ergänzen einander in idealer Weise, da die ersteren die Aminosäuren enthalten, die den letzteren fehlen und umgekehrt. Gemeinsam stellen diese beiden Nahrungsmittel die Haupteiweißlieferanten der makrobiotischen Kost dar. Da Bohnen besonders reich an hochwertigem Eiweiß sind – das heißt an Eiweißverbindungen pflanzlicher Herkunft, die der Körper leicht aufnehmen und verwerten kann und die nicht in Verbindung mit gesättigten tierischen Fetten aufgenommen werden – sind sie für die Gesundheit von höherem Wert als Fleisch und Fleischprodukte. Tatsächlich werden fast alle vegetarischen Fleischersatzprodukte unter Verwendung von Bohnen hergestellt, und viele Babykostzubereitungen für Kinder, die allergisch auf Milch reagieren, enthalten Bohnenzubereitungen. Außerdem liefern Bohnen (besonders die Bohnensprossen) beachtliche Mengen an Vitaminen und Mineralstoffen. In der folgenden Tabelle werden einige der Bohnenarten und Bohnenprodukte, die in der makrobiotischen Ernährung verwendet werden, aufgeführt.

Bohnen und Bohnenprodukte:

zum regelmäßigen Verzehr	zum gelegentlichen Verzehr	
Azuki-Bohnen	Bohnensprossen	Pintobohnen
Kichererbsen	Schwarze Bohnen	Rote Linsen
Grüne oder braune Linsen	Schwarze Sojabohnen	Sojabohnen
Miso	Große Bohnen	Gelbe Erbsen
Natto (fermentierte Sojabohnen)	Kidney-Bohnen	ganze getrocknete Erbsen
Natürliches Tamari (Sojasauce)	Limabohnen	
Tempeh	Weiße Bohnen	
Tofu (»Bohnenkäse«)		

Wichtige Details

Sojabohnen und Sojazubereitungen

Sojabohnen übertreffen zwar in ihrem Fett- und Eiweißgehalt alle anderen Bohnenarten – sie sind jedoch gleichzeitig am schwersten verdaulich, da sie ein verdauungshemmendes Enzym, den sogenannten Trypsinhemmer, enthalten. Durch Einweichen, Kochen und Fermentieren wird der Trypsinhemmer zerstört.

Deshalb werden diese nahrhaften Bohnen häufig in aufbereiteter Form – zum Beispiel als Tofu, Natto, Tempeh, Miso und andere in Naturkostläden erhältlichen Zubereitungen – verwendet. Diese Sojazubereitungen haben im Vergleich zu gekochten Sojabohnen hauptsächlich den Vorteil, dass sie das hochwertige Eiweiß in leichtverdaulicher Form enthalten. Die Sojazubereitungen eignen sich auch ideal zum Herstellen der verschiedensten Gerichte und bereichern den Speisezettel durch ihren guten Geschmack auf vielfältige Weise. Die am häufigsten verwendeten Sojazubereitungen sind Tofu, getrockneter Tofu, Tempeh, Miso und natürliches Tamari (Sojasauce). Tofu ist eine Art Sojakäse, der in Form von gepressten Laiben angeboten wird. In China ist es seit über 2.000, in Japan seit etwa 1.000 Jahren eine der wichtigsten Eiweißquellen in der Ernährung. Es enthält mehr verwertbares Eiweiß als eine vergleichbare Menge Hühnerfleisch. Tempeh (sprich: Tem'pee) besteht aus Sojabohnen und/ oder Getreidekörnern, die durch eine dicke Schicht von weißem Edelschimmel verbunden und zu kompakten Laiben geformt werden. Genau wie Tofu enthält Tempeh viel Eiweiß, wenig Fett, kein Cholesterin und weist einen besonders niedrigen Kaloriengehalt auf. Es ist ein besonders gutes Nahrungsmittel für Menschen, die abnehmen wollen. Darüber hinaus ist Tempeh eine der besten vegetarischen Quellen für Vitamin B_{12}.

Die Makrobiotik hat viel dazu beigetragen, die traditionellen Sojaprodukte auch in den Vereinigten Staaten populär zu machen. Ihre wachsende Beliebtheit ist zum Teil auch darauf zurückzuführen, dass mehr und mehr Amerikaner sich der Zusammenhänge zwischen Gesundheit und Ernährung bewusst werden. Obwohl diese Produkte relativ billige und wohlschmeckende Lieferanten von hochwertigen und vollständigen Eiweißverbindungen sind, sollten wir sie nicht als Patentlösung für Ernährungsprobleme in diesem Land oder für das Welthungerproblem betrachten. Sie stellen lediglich ein Element einer ganzheitlichen, ausgewogenen Ernährung dar und sollten, wie jedes andere eiweißreiche Nahrungsmittel, in bescheidenen Mengen genossen werden.

Wichtige Details

Wir benötigen bei jeder Mahlzeit nur kleine Mengen Bohnen oder Sojaprodukte. Das ideale Mengenverhältnis zwischen Getreide und Gemüse auf der einen und Bohnen auf der anderen Seite beträgt etwa sieben zu eins. Das heißt, man sollte die siebenfache Menge Getreide und Gemüse essen. Der Tagesbedarf an Bohnen und Bohnenprodukten beträgt daher zwischen 120 und 180 Gramm.

Da im letzten Kapitel des achtfachen Pfades die „Makrobiotik" so in den Vordergrund gerückt wurde, noch einige Worte zum Verständnis. Die Makrobiotik ist eine uralte Form der Ernährung und eine Art Lebensstil. Aus dem Griechischen übersetzt bedeutet makro „groß" und bios „Leben". Schon in der Antike bezeichneten Herodot, Aristoteles, Galen und andere Autoren des klassischen Altertums mit dem Begriff Makrobiotik einen bestimmten Lebensstil, der auf der Grundlage einer einfachen Ernährungsweise beruhte und der Gesundheit und Langlebigkeit versprach. Am Ende des 18. Jahrhunderts gab der deutsche Arzt und Philosoph Christoph W. Hufeland ein viel beachtetes Buch mit dem Titel „Makrobiotik oder Die Kunst, sein Leben zu verlängern" heraus. Hufeland war übrigens ein Schüler von van Swieten, dem Leibarzt von Maria Theresia, und brachte die schwedische Muskelmassage nach Österreich. Diese Ernährungsform der Makrobiotik kommt also nicht, wie oft fälschlich angenommen wird, aus Japan. Sie wurde nur von den japanischen Professoren Sagen Ishitsuka und Yukikazu Sakurazawa Anfang des 20. Jahrhunderts wieder belebt. Sakurazawa nannte sich später George Oshawa. Sakurazawa heilte sich mit einer Diät aus Vollreis, Misosuppe und Algen, sowie der makrobiotischen Lebensweise, von schweren Krankheiten. Er verbrachte danach viele Jahre, die östliche Art des Heilens und Philosophien zu studieren und mit jüdisch-christlichem Gedankengut und holistischen Ansätzen der modernen westlichen Wissenschaft und Medizin zu verbinden. 1920 kam Oshawa nach Paris. Er wandte den Begriff der Makrobiotik auf seine Lehren an, und hielt hierüber in über 30 Ländern mehr als 7.000 Vorträge, und veröffentlichte mehr als 300 Bücher zum Thema Makrobiotik. Oshawa hatte viele Schüler, unter ihnen auch Michio Kushi, den oben zitierten Japaner, der die Makrobiotik in den USA und Europa ab den 60er Jahren des letzten Jahrhunderts bekannt machte.

Wichtige Details

Das vorliegende Kochbuch ist kein makrobiotisches. Ich greife nur auszugsweise auf meine persönlichen Erfahrungen mit der makrobiotischen Ernährungs- und Lebensweise zurück. Es scheint mir einfach wichtig darauf hinzuweisen, dass Makrobiotik keine Ess- und Lebensform ist, die in Japan erfunden wurde. Ich möchte aber auch nicht die Verdienste eines George Oshawa noch anderer Menschen hier schmälern.

Frau Miki zeigt Josef Hartl wie man Sushi zubereitet

Einige Worte zum Naikan

Josef Hartl

Naikan

Naikan ist ein japanisches Wort, das frei übersetzt Innenschau oder innere Beobachtung bedeutet. Mit Naikan wird eine Methode bezeichnet, die ein Japaner namens Ishin Yoshimoto im Zeitraum von 1940 – 1960 entwickelt hat. Grundlage dieser Methode ist die Erfahrung und das Wissen von Yoshimoto Sensei, die dieser aus sehr tiefgehenden und strengen Meditationen gewonnen hat.

Die Naikan-Methode findet innerhalb und außerhalb von Japan als Selbsterfahrung, Psychotherapie, sowie auch als spirituelle Übung Anwendung. Naikan ist eine sehr einfache und zielgerichtete Methode, um sich selber in seinem Verhalten besser kennen zu lernen. Es bewirkt ein besseres Verständnis für die eigenen Verhaltensweisen und Gefühle und dafür, warum sich unser Leben so gestaltet hat, wie es eben ist.

Wir lernen die Reaktionen der Mitmenschen in unserer Umgebung verstehen und begreifen. Wir können die positiven und negativen Ereignisse in unserer eigenen Beziehung gegenüber anderen Menschen vom Herzen her begreifen lernen. Ja, es öffnet uns die Augen für das Lebendige im Leben. Wir können verstehen lernen, warum wir Mangel empfinden, ihn auch in anderen Menschen auslösen. Außerdem wird uns oft unser bewusstes oder unbewusstes Zutun offensichtlich, sollte es Krisen oder Unschönes in unserem Leben geben.

Durch Naikan können sich die Menschen tatsächlich selbst erkennen und erhalten ein „Werkzeug", um sich zu verändern, falls sie das wünschen. Außerdem ist Naikan eine hervorragende Form der Psychohygiene. Naikan ist für jeden Menschen durchführbar, der willens ist, sich selbst besser kennen zu lernen. Durch diesen Prozess findet meist eine tiefe Versöhnung in uns und mit uns statt. Auch eine Versöhnung mit Menschen in unserer Umgebung, falls sie notwendig ist. Naikan führt uns zum Ursprung unseres Seins.

Naikan kann in letzter Konsequenz eine vollständige Reinigung unserer Gefühle, unseres Herzens und unseres Geistes bewirken.

Frühling

Michael Simöl

Michael Simöl – Kurzbiographie

Geboren 1959 in Wien. Nach Volks- und Mittelschule habe ich mit dem Studium der Elektrotechnik an der Technischen Universität Wien begonnen. 1985 habe ich das Studium abgeschlossen und bin anschließend 17 Jahre in der Softwareentwicklung tätig gewesen. Ich war 13 Jahre verheiratet und bin Vater zweier Kinder (Julia und Jasmin).

1998 hörte ich das erste Mal von Naikan. Ich besuchte ein Naikan-Forum und zwei Wochen später habe ich mein erstes Naikan gemacht. Seit damals lässt mich das Thema „Naikan" nicht mehr los. Seit 2000 bin ich in der Ausbildung zum Naikan-Leiter (bei Helga und Josef Hartl), seit 2002 leite ich das Tages-Naikan in der Justizanstalt für Jugendliche in Gerasdorf, und seit zwei Jahren gebe ich den Naikan-Newsletter heraus.

Seit 2001 bin ich selbstständiger Shiatsu-Praktiker (Diplom vom Österreichischen Dachverband) und last but not least seit 2004 bin ich Geschäftsführer im NAIKIDO ZENTRUM WIEN.

Kochen habe ich von meiner Mutter gelernt. „Das gehört dazu", hat sie gemeint. Am Anfang habe ich mich auf Eierspeis, Schnitzel und Spaghetti beschränkt. Mittlerweile hat sich mein Repertoire erweitert, wobei ich hauptsächlich nach Rezept koche – das Kreative ist nicht so meines.

Persönlicher Erfahrungsbericht
„Essen, Kochen und ein Buch"

Das Buch ist fast fertig. Es wird jetzt nur mehr Korrekturgelesen und die letzten Fehler werden ausgebessert. Aufgrund meiner Position bei dem Buchprojekt ist es mir möglich, jetzt, ganz am Schluss, noch meinen Erfahrungsbericht in das Buch hineinzugeben. Am Anfang hatte ich einen alten Erfahrungsbericht als Platzhalter hineinkopiert, doch es war mir von Beginn an klar, dass ich einen „aktuelleren" schreiben möchte. Aufgrund der Zeitknappheit bei der Erstellung des Buches, komme ich erst jetzt dazu mich hinzusetzen und in Ruhe zu überlegen was ich denn schreiben möchte. Viele Themen sind in meinem Kopf. Ich beschäftige mich mittlerweile seit sechs Jahren mit dem Thema „Naikan". Da gibt es vieles, worüber ich berichten könnte. Doch was liegt näher als über Essen, Kochen und das Buchprojekt zu schreiben.

Schon nach meinem ersten Naikan hatte ich in mein Tagebuch geschrieben: „Ich schmecke wieder soviel, die Ruhe hat mir gut getan, das Essen war so gut. Das möchte ich mir bewahren." Ja – es hat nicht lange angehalten, der Alltag, der Stress, die Hektik haben meinen Geschmacksinn und die Ruhe beim Essen wieder in den Hintergrund treten lassen.

Seit damals begleitet mich jedoch das Essen im Naikan. Beim zweiten und dritten Naikan hatte ich mich schon im vorhinein auf das Essen gefreut. Zur damaligen Zeit aß ich zuviel Fleisch, eine Woche nur vegetarisch – ich wusste, dass es mir gut tun würde. Während meines nächsten Naikan fastete ich. Ich trank fünf Tage lang nur Wasser und Tee. Vorher hatte ich schon zweimal mit einer Woche Reisfasten begonnen. Doch beide Male beendete ich das Fasten schon am zweiten Tag. Mir fehlte die nötige innere Ruhe mich mit dem Fasten auseinander zu setzen. In der Naikan-Woche war das Fasten für mich überhaupt nicht schwierig. Da hatte ich die nötige Ruhe mich dem Fasten „hinzugeben", mich darauf einzulassen. Das Fasten hat meinem Körper und meinem Geist sehr gut getan.

Seit meinem ersten Naikan begleitet mich das Essen und mittlerweile auch das Kochen. Als Naikan-Coleiter koche ich auch für Naikan-TeilnehmerInnen. Zu dieser Thematik gäbe es noch viel zu sagen. Doch ich möchte noch ein paar Zeilen über das Kochbuch, das Sie gerade in Händen halten, schreiben.

Das Buchprojekt hat recht harmlos begonnen. Ich wusste von dem Vorhaben einmal ein Kochbuch zu schreiben, die Idee dazu trug Josef schon lange mit sich herum. Im Januar 2004, auf der Klausur der Naikan-Assistenzleiter, ging

Frühling

es dann Schlag auf Schlag. Wir sind in Bodingbach vor dem Fernseher gesessen und hatten uns eine Kochsendung mit Jamie Oliver angesehen. Die Begeisterung und Freude über das Kochen hat den Raum erfüllt. Eine Stunde später stand das Inhaltsverzeichnis in groben Zügen fest und „Kochen im Naikan" war geboren. Die Stimmung in Bodingbach erinnerte mich an einen Spruch, den mein ehemaliger Chef hinter sich an der Wand hängen hatte:

Wenn Du ein Schiff bauen willst,
dann trommle nicht Deine Männer zusammen,
um Holz zu beschaffen und um die Arbeit zu verteilen,
sondern lehre sie die Sehnsucht nach dem weiten endlosen Meer.
Antoine de Saint-Exupery

Mittlerweile sind einige Monate vergangen und das Buch ist kurz davor das Licht der Welt zu erblicken. Um für mich einen Abschluss zu finden, ist mir die Idee gekommen, schriftliches Naikan gegenüber dem Buchprojekt zu machen.

- Was hat das Projekt Kochbuch für mich getan?
- Was habe ich für das Projekt Kochbuch getan?
- Wo habe ich dem Projekt Kochbuch Schwierigkeiten gemacht?

Es klingt sehr technisch, wenn ich vom Projekt Kochbuch schreibe. Doch ich meine die Menschen, die dahinter stehen. Alle AutorInnen, alle HelferInnen, die handgeschriebene Seiten am Computer getippt haben, Menschen, die das Geschriebene gelesen und korrigiert haben, Menschen, die Ideen und Ratschläge gegeben haben.

Was hat das Projekt Kochbuch für mich getan?

Es hat mich in eine sehr zentrale Position gebracht. Bei mir sind alle Fäden zusammen gelaufen. Alle Texte für das Kochbuch wurden geschrieben, gesammelt und an mich weiter geleitet. Anschließend brachte ich diese Texte in Form. Ich bin sehr wichtig geworden. Wenn es technische Probleme gegeben hat, dann bin ich gefragt worden. Mein Ego ist gestärkt worden.

Ich hatte auch die Möglichkeit mich mit Themen wie Schriften, Druckverfahren, Bildbearbeitung und Layouttechniken zu beschäftigen.

Was habe ich für das Projekt Kochbuch getan?

Ich habe viel Zeit investiert. Aufgrund meiner Projekterfahrung weiß ich, dass es gegen Ende eines Projektes zeitlich immer enger und enger wird. Mit Hängen und Würgen hatte ich die erste Terminvorgabe geschafft. Josef wollte einen Vorabdruck auf seine Japanreise mitnehmen und Professor Akira Ishii

Frühling

geben. Ich habe auch viel Zeit investiert, um alles perfekt zu machen.

Wo habe ich dem Projekt Kochbuch Schwierigkeiten gemacht?
Da gibt es viel zu sagen. Ich habe das Buch verflucht. Als der Termindruck so groß geworden ist, habe ich gemerkt, dass es für mich immer enger und enger geworden ist, dass ich meine Scheuklappen aufgesetzt habe. Einzig das Buch habe ich gesehen, rechts und links hat es nichts mehr gegeben. Ich habe alle Zeit investiert und vieles ist liegen geblieben.

Über meine MitautorInnen habe ich oft geschimpft. Über die Form der Rezepte oder wenn noch ein Text gekommen ist mit der Bitte: „Diese Rezept hätte ich auch noch gerne eingearbeitet". Da habe ich mir gedacht: „Schön, dann mach' es doch!" Ich wollte das Rezept nicht hineingeben – zumindest nicht jetzt und nicht sofort.

Ein weiteres großes Thema waren für mich die unterschiedlichen Formulierungen der Texte. Die einzelnen Texte mögen ja recht lustig und stimmig formuliert sein, aber im Gesamtkontext des Buches? Ich habe viele Sätze umgestellt, andere Worte eingefügt, Worte weggelassen. Und die ganze Zeit beschäftigten mich die Fragen: Wie weit greife ich hier ein? Wie weit drücke ich durch meine Änderungen dem Buch meinen Stempel auf? Ist das im Sinn der MitautorInnen? Oder bringe ich zuviel von mir ein? Wo ist die Grenze? Wie weit darf ich gehen? Es ist wie beim Shiatsu: Tun im Nicht-Tun. Absichtslos. Wie weit greife ich durch Formulierungen oder das Setzen eine Absatzes ein? Ist es noch immer absichtslos?

Und auch die Lektorin stand vor dem gleichen Problem. Sie wollte mit mir darüber diskutieren, aber ich wollte nicht, weil ich keine Antworten darauf hatte und habe. Darum haben wir öfters gestritten. Über Formulierungen, die jemand anderer geschrieben hatte. Nachträglich betrachtet ist das lustig und traurig zugleich. Wie Kleinigkeiten so groß und mächtig werden können, dass man nicht mehr rechts oder links vorbeischauen kann. Und auch nicht mehr darüber hinweg sehen kann und will. Man macht sich selbst das Leben sehr schwer.

Das Buch ist jetzt fast fertig und ich möchte mich bei allen entschuldigen, die ich in Gedanken und mit Worten schlecht gemacht und beschimpft habe. Nichts ist es wert, dass das passiert.

Ich hoffe, Ihnen gefällt das, was wir produziert haben. Ich möchte mich auch bei Ihnen für Ihr Interesse bedanken.

Michael Simöl

Frühling

Speiseplan einer Naikan-Woche im Frühling

Freitag	Abend	Broccolicremesuppe, Knoblauchaufstrich
Samstag	Mittag	Topfenrahmsuppe Polenta-Bärlauchspinatrolle und Karotten-Lauch Gemüse Gurkensalat
	Abend	Gemüsesuppe mit Tofu
Sonntag	Mittag	Erbsencremesuppe Schwammerlsauce mit Semmelknödel Wildkräutersalat
	Abend	Erdäpfelgulasch
Montag	Mittag	Erdäpfelsuppe mit Joghurt Gebackene Mäuse mit Vanillesauce
	Abend	Rote Linsensuppe
Dienstag	Mittag	Karottensuppe Gemüselasagne Rote Rüben Salat
	Abend	Misosuppe
Mittwoch	Mittag	Erdäpfelauflauf mit Lauchgemüse, Salat Apfelstrudel
	Abend	Grießsuppe
Donnerstag	Mittag	Nudelsuppe mit Bohnen Indisches Gemüse mit Mais, Salat
	Abend	Käseplatte mit Brot
Freitag	Mittag	Bärlauchrahmsuppe Reisauflauf Apfelkompott

Broccolicremesuppe

Broccoli putzen, waschen und in kleine Stücke schneiden. Erdäpfel schälen und in Würfel schneiden, Zwiebel klein schneiden und in Öl andünsten. Gewürze und Suppenwürfel dazugeben, Broccoli und Erdäpfel kurz mitrösten. Mit Wasser aufgießen und ca. 20 Minuten köcheln lassen. Anschließend pürieren und mit Crème fraîche abschmecken.

1 Broccoli
1 Zwiebel
2 Erdäpfel
½ Bch Crème fraîche
2 El Öl
½ Suppenwürfel
1½ l Wasser
Salz, Pfeffer, Chili
1 Lorbeerblatt

Knoblauchaufstrich

Margarine schaumig rühren, Topfen dazugeben und gut vermischen. Knoblauchzehen hineinpressen und mit Salz und Pfeffer abschmecken. Vorsicht: eher weniger Knoblauch verwenden – es dauert immer ein wenig bis der Knoblauch sein Aroma entwickelt.

¼ kg Topfen
¼ kg Margarine
2 Knoblauchzehen
Pfeffer, Salz

Topfenrahmsuppe

Butter erhitzen und Mehl glatt rühren. Mit der Gemüsebrühe aufgießen und aufkochen lassen. Sauerrahm und Topfen verrühren und in die Suppe einkochen. Kräftig würzen und die Dotter einrühren. Das Schwarzbrot in kleine Würfel schneiden und in einer Pfanne trocken rösten. Suppe anrichten und mit Schwarzbrotwürfeln und Petersilie servieren.

2 El Butter
2 El Mehl (glatt)
¾ l Gemüsebrühe
1 Bch Sauerrahm
1 Pkg Magertopfen
2 Knoblauchzehen
2 Dotter
Salz, Pfeffer, Muskat
3 Scheiben Schwarzbrot
Petersilie

Polenta-Bärlauchspinatrolle und Karotten-Lauch Gemüse

1 l Wasser
150 g Polenta
Salz, frischer geriebener Ingwer, Muskat, Zitronensaft
500 g Bärlauch
3 El Brösel
1 Zwiebel

8 Karotten
1 Stange Lauch
2 Zwiebel
1 Suppenwürfel

Butter, Gelbwurz, Curry, Salz, Muskat
½ Bch Crème fraîche

Polenta – Wasser aufkochen lassen. Salz, Ingwer, Muskat und Zitronensaft beimengen. Polenta ins kochende Wasser rühren, aufkochen lassen und auf kleinster Stufe köcheln lassen. Immer wieder umrühren und nach ca. 5 Minuten vom Herd nehmen. 15 Minuten ausdünsten lassen. Noch heiß auf einem nassen Tuch ca. 1 cm dick in Form eines Rechtecks aufstreichen. Dann die Bärlauch-Spinatmasse auf die Polenta streichen. Einrollen und auskühlen lassen. Anschließend in Scheiben schneiden, auf ein befettetes Backblech legen und bei 200 Grad ca. 20-25 Minuten backen.

Bärlauchspinat – Bärlauch waschen, entstielen und in Streifen schneiden. Zwiebel klein schneiden, in Butter ein wenig anschwitzen, Bärlauch dazugeben und mit ein wenig Wasser aufkochen lassen. Mit Salz und Muskat abschmecken und mit den Brösel binden.

Karotten-Lauchgemüse – Zwiebel in Butter rösten. Gelbwurz und Curry kurz mitrösten, mit etwas Wasser löschen und mit Suppenwürfel und Salz würzen. Karotten und Lauch dazugeben und kochen, bis die Karotten weich sind. Mit Crème fraîche verfeinern.

Gemüsesuppe mit Tofu

Zwiebel und Lauch in Ringe schneiden, Karotten und Rüben in Würfel schneiden, alles in einen Topf mit 2 l Wasser geben. Aufkochen lassen, und solange kochen, bis die Karotten weich sind. Tofu in kleine Würfel schneiden und kurz vor dem Servieren in die Suppe geben.

3 große Karotten
1 große gelbe Rübe
1 Stange Lauch
½ Bd Jungzwiebel
½ Suppenwürfel
1 Tl Salz, Pfefferkörner
2 l Wasser
1 Tofu-Würfel

Erbsencremesuppe

Erdäpfel schälen, Zwiebel klein schneiden. Zwiebel in Öl andünsten, Salz, Pfeffer, ½ Suppenwürfel, Erbsen und Erdäpfel kurz mitrösten. Mit Wasser aufgießen und ca. 20 Minuten kochen lassen. Anschließend pürieren und mit Crème fraîche abschmecken.

500 g Erbsen
1 Zwiebel
2 Erdäpfel
½ Bch Crème fraîche
2 El Öl
½ Suppenwürfel
1½ l Wasser
Salz, Pfeffer

Schwammerlsauce mit Semmelknödel

100 g Eierschwammerl
500 g Champignons
50 g Butter
2 kleine Zwiebel
2 Knoblauchzehen
Salz, Pfeffer
0,3 l Wasser
1 El gehackte Petersilie
1 Bch Crème fraîche
400 g Semmelwürfel
1 mittelgroße Zwiebel
80g Butter
¼ l Milch
2 Eier
Salz, Petersilie
80 g Mehl

Alle Schwammerl putzen und in grobe Stücke schneiden. Zwiebel schneiden und in Butter anschwitzen, Knoblauch dazupressen und die Schwammerl dazugeben. Mit etwas Wasser aufgießen, würzen und ca. 20 Minuten köcheln lassen. Anschließend die Crème fraîche einrühren. Falls der Saft zu dünn ist, ein „Mehltagl" machen und eindicken.

Mehltagl – etwas Mehl in Wasser anrühren, so dass ein dünnflüssiger Teig entsteht. Diesen Teig langsam in die zu dünne Sauce einrühren. Die Sauce muss dabei kochen. Die Stärke im Mehl bindet das Wasser und die Sauce wird sämiger.

Semmelknödel – Zwiebel fein hacken und in der zerlassenen Butter kurz anschwitzen. Über die Semmelwürfel gießen und gut verrühren. Milch, Salz und Eier versprudeln und mit der fein gehackten Petersilie über die Semmelmasse gießen. Wieder gut verrühren. Etwas rasten lassen. ⅔ des Mehls unterrühren und anziehen lassen. Mit angefeuchteten Händen Knödel formen, diese nochmals im restlichen Mehl schwenken, nachformen und in kochendes Salzwasser legen. Sie sind fertig, wenn sie sich im Kochwasser drehen.

Wildkräutersalat

Salat und Kräuter gut waschen und in eine große Schüssel geben. Die Karotten waschen, schälen, schneiden und zum Salat geben. Radieschen waschen, halbieren und auch zum Salat geben. Aus Sauerrahm, Essig, Öl und gehacktem oder gepressten Knoblauch eine Marinade zubereiten und über den Salat geben. Vor dem Servieren mit Kerbel, Basilikum und Schnittlauch bestreuen.

½ Friseésalat
4 Stk Löwenzahn (ohne Wurzel)
2 Ta Frühlingskräuter (Brunnenkresse, Spitzwegerich, Sauerampfer, ...)
½ Lolo Rosso
½ Radicchio
8 Karotten
4 Radieschen
Kerbel, Basilikum, Schnittlauch
1 Bch Sauerrahm
2 El Essig
2 El Öl
2 Knoblauchzehen

Erdäpfelgulasch

Erdäpfel schälen, und in Würfel schneiden. Zwiebel schneiden und in Öl andünsten. Erdäpfel und Gewürze dazugeben und kurz mitdünsten. Anschließend mit Wasser aufgießen und ca. 30 Minuten köcheln lassen. Gurkerl schneiden und dazugeben. Mit Essig abschmecken.

1 kg Erdäpfel
250 g Zwiebel
4 El Öl
1 Tl Kümmel
1 El Majoran
2 El Paprika
Knoblauch, Salz
Essiggurkerl, Essig
½ l Wasser

Frühling

Erdäpfelsuppe mit Joghurt

1 Zwiebel
½ kg Erdäpfel
1 Tl Thymian
Salz, Pfeffer,
½ l Wasser
1 Suppenwürfel
2 Lorbeerblätter
1 Pr Muskat
½ Bch Joghurt
1 Bd Petersilie
2 El Olivenöl

Erdäpfel schälen und in Würfel schneiden, Zwiebel klein schneiden und in Öl andünsten. Gewürze und Erdäpfel dazugeben und kürz mitdünsten. Anschließend mit Wasser aufgießen und ca. 20 Minuten kochen lassen bis die Erdäpfelstücke weich sind. Dann die Suppe pürieren oder die Erdäpfelstücke im Ganzen lassen. Joghurt mit Eigelb verrühren, die Suppe vom Herd nehmen und mit der Eigelb-Joghurt-Mischung legieren. Vor dem Servieren mit Petersilie bestreuen.

Gebackene Mäuse mit Vanillesauce

200 g Weizenmehl
⅛ l lauwarme Milch
10 g Germ
40 g Backzucker
2 Eidotter
40 g Butter
1 Pr Salz
Öl zum Herausbacken

1 Pkg Vanillesauce

Für die gebackenen Mäuse das Mehl in eine Schüssel geben und in der Mitte eine Mulde formen. Die Germ in einem Teil der Milch auflösen, in die Mulde leeren und mit etwas Mehl bestreuen. Mit einem Tuch abdecken und an einem warmen Ort ca. 15 Minuten gehen lassen.

Die restlichen Teigzutaten dazugeben und die Masse gut abschlagen. Wieder abdecken und solange gehen lassen bis der Teig das doppelte Volumen hat. Zuletzt den Teig noch einmal zusammenschlagen. Aus dem Teig mit Hilfe von zwei Löffeln Nockerl ausstechen und in heißem Fett (170 Grad) schwimmend ausbacken. Aus dem Fett nehmen und gut abtropfen lassen.

Vanillesauce – wie auf der Packung beschrieben zubereiten.

Rote Linsensuppe

Linsen in ein Sieb geben und abschwemmen. Zwiebel in kleine Würfel schneiden und in Öl andünsten. Gewürze dazugeben und kurz mitdünsten lassen. Mit Wasser aufgießen, die Linsen dazugeben und ca. 20 Minuten kochen lassen. Mit Zitronensaft abschmecken und vor dem Servieren mit Petersilie bestreuen.

200 g rote Linsen
1 Zwiebel
2 El Öl
2 El Curry
0,8 l Wasser
Salz, Pfeffer, Zitronensaft, Gelbwurz
1 El Sesam

Karottensuppe

Karotten und Zwiebel klein schneiden. Zwiebel in Öl andünsten, Salz, Pfeffer, ½ Suppenwürfel und Karotten kurz mitrösten. Mit Wasser aufgießen und ca. 30 Minuten kochen lassen. Vor dem Servieren mit Petersilie garnieren.

500 g Karotten
1 Zwiebel
2 El Öl
½ Suppenwürfel
1½ l Wasser
Salz, Pfeffer, Petersilie

Frühling

Gemüselasagne

150 g Butter
1 Zwiebel
5 El Mehl (glatt)
1 l Milch
2 El Paradeismark
100 g geriebener Käse
1 Suppenwürfel,
Muskat, Basilikum,
Oregano, Majoran,
Pfeffer, Salz
1 Knoblauchzehe
2 Dosen geschälte Paradeiser (je 800 g)
Salz, Pfeffer
300 g Tiefkühlgemüse
½ Karfiol
½ Broccoli
2 Karotten
100 g Erbsen
18 Lasagneblätter
100 g Käse

Rote-Rüben-Salat:
gekauft, aus dem Glas

Béchamelsauce – Butter zerlassen, die kleinwürfelig geschnittene Zwiebel andünsten lassen. Mehl dazugeben und mitrösten, mit Milch, der Flüssigkeit der geschälten Paradeiser aufgießen und fest mit dem Schneebesen rühren. Mit Suppenwürfel, Paradeismark, Muskat, Basilikum, Oregano, Majoran, ein wenig Pfeffer, Salz bzw. nach Geschmack mit Knoblauch abschmecken und köcheln lassen. Käse unterrühren und falls die Sauce nicht dickcremig genug sein sollte, kann man zur Bindung ein Ei unterrühren.

Paradeissauce – 2 Dosen geschälte Paradeiser pürieren und etwas mit Salz und Pfeffer würzen.

Karfiol, Broccoli und Karotten in kleine Würfel schneiden. Das Gemüse mit ein wenig Wasser ca. 15 Minuten weich dünsten.

Eine Auflaufform mit Butter ausstreichen, eine Schicht Béchamelsauce einfüllen, Lasagneblätter darauf legen, Paradeissauce verteilen, eine Schicht Gemüse darauf geben, mit Béchamelsauce abdecken. Etwas geriebenen Käse darüber streuen und wieder Lasagneblätter darüber legen. Die letzte Schicht Lasagneblätter mit Béchamelsauce abdecken, mit geriebenen Käse bestreuen und im Backrohr ca. 30 Minuten bei 180 Grad backen.

Misosuppe

Shiitake-Pilze über Nacht in Wasser einweichen. Anschließend in kleine Stücke schneiden. Gemüse in kleine Stücke schneiden. Wasser, Shiitake-Pilze, Kombu Alge und Gemüse in einen Topf geben und zum Kochen bringen. Etwa 20 Minuten köcheln lassen. Kombu Alge aus dem Topf nehmen, sehr fein schneiden und wieder ins Wasser geben. Etwas Suppe in eine Schüssel schöpfen und Miso einrühren.
Suppentopf vom Herd nehmen und Miso hinzufügen. Miso erst ganz zum Schluss hinzufügen. Die Suppe darf nicht mehr kochen, da ansonsten die heilsame Wirkung des Miso nicht mehr garantiert ist und sich der Geschmack verliert.

1 l Wasser
4 - 5 Shiitake-Pilze, getrocknet
1 Streifen Kombu Alge
4 - 5 Tl Miso
1 Zwiebel
½ Stange Lauch
2 Karotten

Erdäpfelauflauf mit Lauchgemüse

Die rohen Erdäpfel schälen und dünnblättrig schneiden. Die rohen Karotten grob reiben, Lauch schneiden und beides zusammen mit der gehackten Zwiebel in Butter andünsten. Den Sauerrahm mit dem ganzen Ei verrühren. Eine Auflaufform mit Butter befetten, den Boden der Form mit Erdäpfelscheiben auslegen, salzen, pfeffern und mit Muskat und gehackten Kräutern bestreuen. Das Gemüse darüber verteilen und mit einer Schicht Erdäpfelscheiben bedecken. Noch einmal würzen und ca. 45 Minuten bei etwa 180 Grad backen. Anschließend das versprudelte Sauerrahm-Ei-Gemisch darüber gießen und noch einmal 10-15 Minuten backen.

¾ kg Erdäpfel
400 g Lauch
50 g Zwiebel
25 g Butter
150 g Karotten
Salz, Pfeffer, Muskat, Majoran, Thymian
frische Kräuter
200 g Sauerrahm
1 Ei

Apfelstrudel

4 Äpfel	Äpfel schälen, entkernen, in kleine Stücke schneiden und mit den anderen Zutaten vermischen. Den Teig ausrollen, die Fülle darauf verteilen und den Teig zu einer Rolle formen. Mit Ei bestreichen und anschließend im Backrohr bei 180 Grad ca. 25 Minuten backen.
2 Tl Zimt	
50 g geriebene Nüsse	
50 g Rosinen	
50 Semmelbrösel	
1 Pkg Blätterteig	
1 Ei	

Grießsuppe

2 Karotten	Karotten, Zwiebel und Sellerie waschen und in feine Würfel schneiden. In einem Topf Butter erhitzen und darin das Gemüse anschwitzen. Vollkorngrieß hinzugeben und anrösten. Mit Wasser, Milch und Schlagobers aufgießen und unter ständigem Rühren aufkochen lassen. Die Grießsuppe etwa 15 Minuten bei schwacher Hitze im geschlossenen Topf köcheln lassen. Die Suppe mit Salz und Muskat nach Geschmack würzen. Nach Belieben mit Schnittlauch bestreuen und servieren.
1 Zwiebel	
1 Stück Sellerie	
4 El Butter	
50 g Weizengrieß	
0,8 l Wasser	
¼ l Milch	
1 Bch Schlagobers	
1 Bd Schnittlauch	
Salz, Muskat	

Frühling

Nudelsuppe mit Bohnen

Bohnen in einem Sieb kalt abspülen, abtropfen lassen, Zwiebel im Olivenöl andünsten, Knoblauch dazupressen und eine Minute mitbraten. Mit Wasser aufgießen und aufkochen lassen. Die Karotten dazugeben und bei mittlerer Hitze 20 Minuten garen. Salbei und Bohnen untermischen und weitere 5 Minuten kochen lassen. Nudeln nach Packungsvorschrift kochen und unterrühren. Suppe mit Salz und Pfeffer abschmecken und mit Parmesan bestreut servieren.

1 Dose weiße Bohnen (800 g)
1 Zwiebel
3 El Olivenöl
2 Knoblauchzehen
1 l Wasser
3 Karotten
1 El Salbei
250 g Nudeln
Salz, Pfeffer
Parmesan

Indisches Gemüse mit Mais

Zwiebel schneiden, Kohlrabi, Karotten und Karfiol in Würfel schneiden. Erdäpfel schälen und in Würfel schneiden. Zwiebel in Butter anschwitzen, Gemüse, Gewürze und Ingwer dazugeben und mit wenig Wasser aufgießen. Mais dazugeben und ca. 30 Minuten dünsten, bis das Gemüse weich ist. Vom Herd nehmen und Joghurt und Kokosette oder geriebene Nüsse darunter mischen.

Salz, Curry (scharf), Kardamon, Zimtrinde, grüne Pfefferkörner, Gelbwurz, Muskat, Kreuzkümmel, 2 Lorbeerblätter, Gewürznelken, Paprika, frisch geriebener Ingwer
1 Suppenwürfel
2 El Butter
2 Zwiebel
½ Kohlrabi
2 Karotten
½ Karfiol
1 Dose Mais
2 Erdäpfel
1 Bch Joghurt
Kokosette oder geriebene Nüsse

Käseplatte mit Brot

verschiedene Käsesorten wie Emmentaler, Gouda, Brie, Tilsiter, Camembert, ... auf einem Teller anrichten. Mit Paprika, Radieschen, Essiggurkerln, Oliven und Kapern garnieren. Eventuell ein hartgekochtes Ei, ein Stück Butter oder eine Portion Aufstrich dazugeben.

Bärlauchrahmsuppe

300 g Bärlauch
2 El Butter
2 Jungzwiebel
1 Suppenwürfel
½ l Wasser
1 Bch Crème fraîche
Salz, Pfeffer, Muskat

Bärlauch waschen, entstielen und in Streifen schneiden. Butter aufschäumen lassen, Bärlauch, geschnittene Zwiebel und Gewürze anschwitzen und mit Wasser aufgießen. 5 Minuten kochen lassen und anschließend pürieren. Crème fraîche dazugeben, würzen und kurz vor dem Anrichten aufschäumen. Als Suppeneinlage Schwarzbrotstücke oder Croutons dazu reichen.

Reisauflauf

½ l Milch
0,6 l Wasser
240 g Rundkornreis
100 g Rosinen
1 Pr Salz
80 g Butter
4 Eier
etwas Zucker, Zimt
Saft und Schale einer unbehandelten Zitrone
2 Äpfel

Milch mit Wasser vermengen, mit einer Prise Salz aufkochen lassen und den gewaschenen Reis dazugeben. Unter ständigem Rühren aufkochen lassen, die Temperatur reduzieren und den Reis zugedeckt köcheln. Anschließend aus Butter und Eidottern einen Abtrieb machen und mit etwas Zucker und Zimt abschmecken. Eiklar mit einer Prise Salz zu steifem Schnee schlagen. Abwechselnd ausgekühlten Reisbrei, fein geraspelten Apfel, Rosinen und Schnee unter den Abtrieb heben. Die Masse in eine befettete Auflaufform füllen und bei ca. 180 Grad etwa 25 Minuten backen.

Nach dem Backen überkühlen lassen und portionieren.

Apfelkompott

Die Äpfel schälen und in Spalten schneiden und mit Zitronensaft beträufeln. Zucker, Zimtrinde und Gewürznelken im Wasser einige Minuten kochen lassen. Topf vom Herd nehmen und die Apfelspalten dazugeben und wenige Minuten ziehen lassen. Die Früchte sollen noch „Biss" haben.	6 Äpfel Zitronensaft nach Bedarf ½ l Wasser 100 g Kristallzucker 1 Zimtrinde 5 Gewürznelken

Misosuppe mit Tofu, Nudeln und Nori-Ei-Einlage

Episode ONE aus der Naikan-Küche

Josef Hartl

Episode ONE

Ein Naikan-Leiter als Koch?
Ein kochender Naikan-Leiter?
Ein Koch als Naikan-Leiter?

Es ist die heißeste Woche seit vielen Jahren und das neunte Sommer-Naikan mit Prof. Akira Ishii (kurz Ishii-San) in den letzten zehn Jahren. Beim Kochen eines Erdäpfelgulasch (für unsere Nachbarn – Kartoffelgulasch) kam mir die Idee, etwas zu schreiben.

Ein G'schichtl würde ein Wiener sagen, zu Deutsch eine kleine Episode, bei der zwei Drittel der Wahrheit entsprechen – das möchte ich aus der Naikan-Küche zum Besten geben.

Nun, wir kochen einfach, kostengünstig, schnell und angeblich schmackhaft im NAIKAN HAUS ÖTSCHERLAND. Vor allem vegetarisch und multi-kulturell, also es gibt Speisen aus aller Herren und Frauen Länder sowie traditionelle Hausmannskost. Bei fünfzehn TeilnehmerInnen plus meiner Familie und Ishii-San sind es zwanzig Personen, für die ich gaumenmäßig zu sorgen habe.

Während die kleingeschnittenen Erdäpfel zusammen mit den Zwiebeln, Lorbeerlaub, Wacholderbeeren, Kümmel, Salz, Pfeffer, Gemüsebrühe, Majoran und Paprika im Topf mit Wasser köcheln und schmoren, liege ich bei einer Marlboro und Kaffee im neu gekauften, äußerst bequemen Liegestuhl meiner Frau.

Im Etagengarten, der direkt an den Wald grenzt, sitzt eine Naikan-Teilnehmerin und heult herzzerreißend. Sie scheint sehr in sich gekehrt – das Weinen erleichtert sie hörbar.

Zähneputzen für die Seele, pflege ich ein solches Ereignis in meinem Kopf zu kommentieren. Schon sonderbar, denke ich – mich im Liegestuhl räkelnd – ja ungewohnt und doch schön ist es, wenn ich einmal „nur" koche für die Naikan-TeilnehmerInnen. Einmal im Jahr nicht die „Verantwortung" für eine Naikan-Woche im eigenen Zentrum zu tragen. Einmal nur Koch zu sein.

Alle mütterlichen Gefühle, derer ein Mann fähig ist, über das Essen an die TeilnehmerInnen weiterzugeben und in vollen Zügen auszuleben, befriedigt mein Inneres ungemein.

Episode ONE

„Na, haben sie brav gegessen"? fragt es in meinem Kopf, wenn meine beiden Söhne die Tabletts abservieren. Soll heißen, schmeckt ihnen mein Essen hoffentlich. Die Mutter will nicht enttäuscht werden. Ja, und die Buben helfen diese Woche wirklich brav. Prüfenden Blickes schaue ich auf die zurückkommenden Tabletts. Manche TeilnehmerInnen vergeht ja kurzfristig der Appetit. Nicht alle Naikan-TeilnehmerInnen haben eine verdauungsfördernde Vergangenheit. Der Zustand der zurückkommenden Tabletts sagt mir häufig einiges über die Persönlichkeit der teilnehmenden Menschen.

„Aha, die mag keine Rosinen". Jedes Mal werden sie aus dem morgendlichen Haferflockenbrei entfernt und landen auf der Serviette. Oder etwa ein fein säuberlich zusammengegessenes Gericht, die Schüssel schön mit Brot ausgewischt, das Essgeschirr und Besteck exakt zusammengestellt. Vielleicht noch das Tablett mit der Serviette saubergewischt. Ein absolut strukturierter Mensch, das fühle ich bei so einem Anblick. Könnte aber auch ein Pedant sein. Vielleicht – man kann ja nie wissen – ein klein wenig neurotisch, meldet sich ein kleines grünes Männchen in meinem Kopf. Übrigens, ich nenne dieses kleine grüne Etwas schon seit Jahren meinen Geistfrosch und dieser Geistfrosch ist nicht immer ernst zu nehmen. Der muss einfach quaken.

Kommt jedoch ein halbvoller Teller zurück in die Küche, auf dem offensichtlich nur herumgestochert wurde, und es ist vielleicht noch etwas Suppe am Tablett verschüttet, so zieht sich meine beleidigte Koch-Augenbraue gekränkt hoch. Was mag das bloß für ein yiniger, zerfledderter Mensch sein – völlig strukturlos und so! Dann kann ich sofort gut Naikan gegenüber diesem Teilnehmer üben, so dass ich ihn nicht wegen so einer Banalität – für mich ist es natürlich keine – in meine tiefste Bewertungshölle schicke. Natürlich nur in Gedanken und nicht persönlich gemeint, oder?

Für mich als Zen-Schüler und -Lehrer, der gelernt hat, das Essgeschirr mit dem Rest des Tees zu waschen und diese angebliche Brühe mit Genuss zu trinken, ist es eine besonders tolle Übung, Tabletts von Naikan-TeilnehmerInnen, für die ich auch noch gekocht habe, abzuservieren. Es ist außerdem eine gute Übung für meine buddhistische Praxis, aufgrund des Aussehens jener Tabletts die Reaktionen und Bewertungen an mir selbst zu beobachten.

Episode ONE

Wie schnell man doch urteilt, nur weil Menschen nicht nach dem eigenen Empfinden und der eigenen Ästhetik mit dem Essbesteck umgehen.

Wie schnell doch die Eitelkeit und mütterlichen Gefühle eines kochenden Naikan-Leiters gekränkt sind.

Warum essen die bloß so wenig, wo ich sie doch so gerne bekoche – am liebsten würde ich jeden ob meines mitfühlenden Herzens mästen wie eine Weihnachtsgans.

Ich komme mir angesichts meines eigenen Verhaltens vor wie eine Mutter, die ihr Kind, aus Sorge um sein Wohlergehen, zu Tode füttern möchte, ohne dass sie sich dessen bewusst ist. Die Mutter musste kochen, weil die Mutter kochen musste.

Die Mutter kann eben nur Mutter sein, seufzt es in mir, während ich am Küchenspülbecken stehe.

Ja, und da wäre noch die Sache mit der Sauberkeit und der Klarheit. Ein eisernes Gesetz in mir sagt, dass wenn ich mit dem Kochen fertig bin, alles Essen serviert ist, auch die Küche sauber zu sein hat. Selbstverständlich sollte möglichst nichts zurückkommen, denn wir wollen als Bewusstseinszentrum und meditative Menschen nichts verschwenden. Kommt doch etwas retour, so ist es am schönsten für mein köchelndes Zen-Herz, wenn es mir möglich ist, eine Suppe daraus zu machen. Leider ist das nicht immer der Fall und natürlich sind wir kein Restaurant der Kochenreste. Die Reste bekommen die Würmer und Schnecken auf unserem Komposthaufen und auch die vielen Vögel, die in unserer Umgebung leben, laben sich daran. Da würde sich selbst der Hl. Franz von Assisi freuen. Was aber auf alle Fälle zurückkommen sollte, ist das Essgeschirr, sonst zieht sich meine Koch-Augenbraue besonders streng hoch. Was die Grimmigkeit meines inneren Blickes anlangt, wenn Puddingschalen, Dessertteller oder Kaffeekännchen am Tablett fehlen, könnte sich sogar Bodhidharma noch etwas von mir abschauen. Wenn mich jedoch die Erinnerung an meine eigene Naikan-Erfahrung erwärmt, bekomme ich einen milden, verständnisvollen, sehr mütterlichen Naikan-Koch-Blick.

Ist es nicht herrlich, zwischen Frühstück und Mittagessen noch einen Schluck aufgehobenen Kaffees aus dem diskret zurück behaltenen Kännchen zu trinken? Und wie gut doch der Pudding bzw. Nachspeise zwischen

Episode ONE

dem Mittag- und Abendessen schmeckt – womöglich nach dieser wohltuenden Dusche am Nachmittag eingenommen.

Ja, das sind die kleinen Freuden und Individualitäten der Naikan-Übenden während einer Woche des In-sich-Gehens.

Und ich als Naikan-Praktizierender, der viele, viele Stunden auf so einem Platz verbracht hat, kann das natürlich sehr gut nachempfinden.

Aber da wäre noch der hundertprozentige Zen-Schüler und -Lehrer und die Sache mit der Klarheit. Dreimal am Tag Essen heißt es und dazwischen mit voller Kraft üben.

Ja, und da wäre noch der Koch, welcher mit Entsetzen immer mehr Löffelchen, Puddingschälchen oder Untertässchen in seinem Spülbecken vorfindet.

So schwankt, während einer solchen Woche, mein Blick vom milden verständnisvollen, mütterlichen bis zum Zen-meisterlich gestrengen oder genervten Chefkochenden.

Welch eine tolle Übung man doch in der Küche machen kann!

So wie die TeilnehmerInnen, erlebe ich als kochender Naikan-Leiter die gesamte emotionale Palette eines Lebensweges. Vom Selbstmitleid als Koch bis zum ärgerlichen als nicht hundert Prozent fertiger Mensch zum Verständnis heischenden, vom Mutterinstinkt geplagten, kochenden Naikan-Leiter.

Da gebe ich lieber noch einen Schöpfer mehr Suppe in die Schale. Mögen alle Naikan-TeilnehmerInnen satt und gut genährt an Körper und Geist von dannen ziehen.

Ja, und mögen sie über ihre Naikan-Erfahrung hinaus von der etwas wundersamen Küche des NAIKAN HAUS ÖTSCHERLAND berichten!

Klare Suppe mit Karotten und Tofuknödel

Sommer

Christl Eberle

Christl Eberle – Kurzbiographie

Geboren 1942. HAK-Matura, Bürotätigkeit. Langjährige Ehefrau, geschieden, Mutter zweier erwachsener Töchter, vier Enkelkinder-Oma. Unzufriedenheit über meine Tätigkeit, keine Anstrengung etwas zu verändern.

1990 begann ich eine Shiatsu-Ausbildung und hatte zum ersten Mal das Gefühl, dass die Richtung stimmt. Meine große Begeisterung verebbte aber und ich nutzte diese Erfahrung nicht. Jahre später begegnete ich Josef und begann noch einmal mit der Naikido Shiatsu-Ausbildung. In dieser Zeit machte ich zum ersten Mal Naikan. Eine Tür ging auf ... Nach meiner Reise nach Japan zum Naikankongress im Jahr 2000, der Übung mit Jujukinkai in Senkobo, gab mir Josef die Möglichkeit, erstmals bei Naikan zu hospitieren. Meine eigene Erfahrung ließ den Wunsch reifen, andere Menschen bei der Naikan-Übung zu begleiten. Seit dieser Zeit bin ich Naikan-Assistenzleiterin.

Ich bekochte meine Familie gerne, aber die ist längst aus dem Haus. Da kam die Frage: Kochst du gerne? Meine Antwort war: „Ja, Hausmannskost, so wie ich es zu Hause gelernt hatte." Ich konnte mir keinen schöneren Platz als Bodingbach für meine Kochleidenschaft vorstellen. Der Kreis hatte sich geschlossen – Kochen für Shiatsu-Kurse, für Naikan, letztlich Mitarbeit beim Kochbuch. Meine Kraft ist weniger geworden, das Kochen auch, aber sie ist da fürs Naikanbegleiten. Ich wünsche mir, dass das so bleiben darf und bin dankbar dafür.

---

vorige Seite:
Blick vom Gegenhang auf das NAIKAN HAUS ÖTSCHERLAND

Persönlicher Erfahrungsbericht
„Mein Weg mit Naikan"

Zu meinem ersten Naikan kam ich aufgrund einer tiefen persönlichen Krise im Jahr 1999. Ich hatte eine Scheidung hinter mir, fühlte mich als Opfer und lebte in dem Gefühl, wenig, oder nicht das für mich Notwendige und vor allem Richtige, bekommen zu haben.

Andererseits glaubte ich, viel gegeben zu haben. Nach und nach wurde mir in dieser Woche bewusst, dass ich mir die Wirklichkeit sehr starr und eng nach meinen Vorstellungen konstruiert hatte.

Es war sehr schmerzlich und von Schuld- und Schamgefühlen begleitet, zu sehen, dass mein Leben über weite Strecken von einer großen Erwartungshaltung, vor allem an meine Eltern und an meinen Partner geprägt war. Die Erkenntnis, dass ich nicht Opfer, sondern gleichermaßen Täter war, dass ich in kindlichen Wünschen hängen geblieben war mit meinem SO HABEN WOLLEN, nahm ich aus diesem Naikan mit.

Nach einem halben Jahr stand das nächste Naikan im Rahmen der Shiatsu-Fortbildung an und ich konnte mir damals nicht vorstellen, was ich noch sehen sollte. Bald erkannte ich, dass es zwar nichts Neues, aber das Gewesene in einer anderen Form zu sehen gab. Viele Bilder tauchten auf und ich fühlte mich wie der Betrachter meines Lebens von außen. Das erste Mal konnte ich tiefe Dankbarkeit für das mehr als reichlich Empfangene empfinden. Gleichzeitig überkam mich heftige Trauer und vor allem Scham über das nicht Gegebene, Verweigerte.

Jedes weitere Naikan und Jujukinkai brachten mich ein Stück tiefer, ließen mich mein Wesen, meine Abgründe, mein Dazutun zu meiner Lebensgeschichte erkennen, meine Weigerung, für mich Verantwortung zu übernehmen.

Aus der anfänglichen Wut auf mich ist eine Gelassenheit entstanden, aus der Tatsache, dass alles Gewesene zwar Fakten, aber auch Vergangenheit ist. Ein befreiendes Gefühl machte sich breit, dass ich auf die verzerrte Wahrnehmung meiner Erinnerung geschaut hatte und nicht mehr in ihr verstrickt war. Dadurch bin ich zu einer inneren Versöhnung mit meinen Eltern, aber vor allem mit meinem Ex-Mann gekommen.

Sommer

Mein Alltag heute ist zwar nicht immer frei von Widerständen und Problemen, aber ich fühle mich nicht mehr so hilflos ausgeliefert, weil ich sie schneller erkennen und spüren kann. Ich bin achtsamer, toleranter und vor allem ehrlicher im Umgang mit meinen Mitmenschen geworden. Ich fühle mich in meinem Inneren weiter, offener und wärmer, mein Bewusstsein ist klarer und ich kann heute kleine Dinge wahrnehmen und mich darüber freuen.

Ich habe Naikan in mein tägliches Leben integriert und reflektiere oft vor dem Schlafen meinen Tag mit den drei Fragen. Die Übung geht weiter ...

Sommer im NAIKAN HAUS ÖTSCHERLAND

… Sommer

Speiseplan einer Naikan-Woche im Sommer

Freitag	Abend	Zucchinicremesuppe, Liptauer
Samstag	Mittag	Gemüsesuppe Letscho mit Reis und Gurkensalat Erdbeeren mit Rahm
	Abend	Maisgrießsuppe
Sonntag	Mittag	Kräutersuppe Schwammerl mit Tofu und grünem Salat Apfelmostcreme
	Abend	Paradeissuppe mit Topfennockerl
Montag	Mittag	Minestrone Süßer Hirseauflauf mit Kompott
	Abend	Erdäpfel-Basilikumsuppe
Dienstag	Mittag	Selleriesuppe Nudelauflauf und Paradeissalat Obstkuchen
	Abend	Bauernsalat
Mittwoch	Mittag	Fisolengulasch mit Salzerdäpfel Topfencreme
	Abend	Kürbiscremesuppe
Donnerstag	Mittag	Kohlrübensuppe Gemüsestrudel mit Kräutersauce und grünem Salat Schokopudding
	Abend	Grünkernsuppe
Freitag	Mittag	Lasagne mit Zucchini und Paradeiser, Salat Ribiselkuchen

Zucchinicremesuppe

600 g Zucchini
2 Zwiebel
2 Erdäpfel
1 l Gemüsebrühe
4 Knoblauchzehen
2-3 El Crème fraîche
Petersilie

Gemüse in grobe Würfel schneiden, in Gemüsebrühe weich kochen und pürieren.
Crème fraîche dazugeben und mit dem Stabmixer aufschlagen.
Mit gehackter Petersilie bestreuen.

Liptauer

50 g Butter
1 Pkg Topfen
1 Zwiebel
1 Gurkerl
1 El Kapern
etwas Senf, Salz, Pfeffer, gem. Kümmel und Paprika

Butter schaumig rühren, Zwiebel, Gurkerl und Kapern fein hacken und mit Topfen, etwas Senf, Salz, Pfeffer, Kümmel und Paprika gut vermischen und abschmecken.

Gemüsesuppe

1½ l Wasser
½ Karfiol
½ Broccoli
1 Karotte
etwas Lauch
2 Erdäpfel
1 Suppenwürfel
Salz, Petersilie

Gemüse waschen, schneiden und in Wasser kochen. Salz und Suppenwürfel dazugeben. Köcheln bis das Gemüse durch ist. Mit Petersilie bestreut servieren.

Letscho mit Reis und Gurkensalat

Paprika entkernen, vierteln und in Streifen schneiden.	2 rote Paprika
	2 gelbe Paprika
Pfefferoni halbieren, entkernen und klein schneiden.	2 grüne Paprika
Paradeiser mit heißem Wasser übergießen, häuten, halbieren und in Würfel schneiden.	1 Pfefferoni
	2 Zwiebel
Zwiebel und Knoblauch fein hacken.	500 g reife Paradeiser
Zwiebel in Öl anbraten und vom Herd nehmen.	2 Knoblauchzehen
Paprikapulver und Paradeismark einrühren und mit ca. ¼ l Suppe aufgießen	1 Thymianzweig
	1 Rosmarinzweig
Das Gemüse und die Gewürze dazugeben und etwa 20 Minuten dünsten lassen.	1 Tl Paprikapulver
	Salz, Pfeffer
	1 El Paradeismark
Mit Reis und Gurkensalat servieren.	¼ l Gemüsesuppe

Maisgrießsuppe

Lauch in Ringe schneiden, in Butter anschwitzen, Grieß dazugeben und umrühren. Mit Suppe aufgießen und 15 Minuten köcheln.	150 g Lauch
	50 g Butter
	5 El Maisgrieß
Mit Salz, Pfeffer, Muskat abschmecken und mit dem Schneebesen durchrühren.	1 l Suppe
	1 Bd Petersilie
Maiskörner dazugeben, mit Kürbiskernöl beträufeln und mit Petersilie bestreuen.	1 Dose Maiskörner
	2 El Kürbiskernöl

Sommer

Kräutersuppe

4 El Haferflocken
1 Zwiebel
1 l Gemüsebrühe
Salz, Pfeffer
1 Bd frische Kräuter, gemischt (Liebstöckel, Schnittlauch, Kresse, Bärlauch, Löwenzahn)
oder
7 Tl Kräutermischung

Haferflocken in Butter anrösten, fein gehackte Zwiebel dazugeben und kurz mitrösten.

Mit Suppe aufgießen, würzen und feingehackte Kräuter dazugeben.

Mit etwas Obers oder 1 Dotter legieren, nicht mehr kochen.

Schwammerl mit Tofu und grünem Salat

400 g Tofu
100 g Eierschwammerl
200 g Champignons
1 Bch Schlagobers
½ Bch Crème fraîche
300 g Zwiebel
½ Tl Muskat
Salz, Pfeffer (grün) oder
1-2 scharfe Pfefferoni
1 Bd Petersilie
1 Suppenwürfel

1 Häuptel grüner Salat
Olivenöl
Rot- oder Weißweinessig
Salz, Pfeffer, wilder Thymian

Schwammerl klein schneiden, Tofu in Würfel oder Streifen schneiden (nach Belieben), Petersilie hacken, Zwiebel klein schneiden.

Zwiebel in etwa 20-30 g Butter oder Butterschmalz goldgelb dünsten.

Gewürze und Schwammerl dazugeben. Das Ganze etwa 30 Minuten zugedeckt dünsten lassen – von Zeit zu Zeit umrühren.

Anschließend den Tofu untermischen und noch weitere 15 Minuten zugedeckt dünsten lassen.

Schlagobers und Crème fraîche unterrühren und 10-15 Minuten ziehen lassen.

Mit Salz, Pfeffer und, wenn nötig, Muskat und Suppenwürfel fertig abschmecken. Mit viel Petersilie garnieren.

Marinade für grünen Salat — Olivenöl, Rot- oder Weißweinessig, Salz, Pfeffer und etwas wilden Thymian mit etwas Wasser mischen und über den Salat geben.

Apfelmostcreme

Puddingpulver mit Wasser anrühren.
Apfelsaft und Zucker zum Kochen bringen, Pudding dazugeben und zu dicker Creme kochen. Kalt stellen und öfters umrühren. Wenn abgekühlt, mit geschlagenem Obers vermischen.

½ l Apfelsaft
1 Pkg Vanillepudding
3 El Zucker
¼ l Schlagobers

Paradeissuppe mit Topfennockerl

Zwiebel, Karotte, und Sellerie in kleine Würfel schneiden und in Olivenöl kurz anschwitzen. Paradeismark dazugeben und alles ca. 10 Minuten langsam dünsten. Die gehäuteten und entkernten Paradeiser klein schneiden und mit dem Knoblauch und den Kräutern zur Gemüsemischung geben. Mit Brühe aufgießen und ca. 40 Minuten köcheln. Durch ein Sieb passieren und mit Salz, Pfeffer und Zucker nach Geschmack würzen.

Topfennockerl – Zutaten vermengen und eine halbe Stunde quellen lassen. Mit zwei Esslöffeln Nockerl formen und in leicht siedendem Wasser ca. 10 Minuten ziehen lassen bis sie gar sind.

1 kg reife Paradeiser
2 El Paradeismark
1 Zwiebel
1 Karotte
1 Selleriestange
2 Knoblauchzehen
1 l Gemüsebrühe
1 Zweig Thymian
1 Lorbeerblatt
1 Nelke
1 Salbeiblatt
etwas Rosmarin, Salz, Pfeffer, etwas Zucker

Topfennockerl
¼ kg Topfen
1 Ei
4-5 El Weizengrieß
Salz

Sommer

Minestrone

1 Zwiebel
3 Knoblauchzehen
2 Erdäpfel
1 Karotte
200 g Broccoli
100 g Lauch
2 Paradeiser
3 Zweige Oregano
1 Bd Basilikum
80 g Teighörnchen
1 El Olivenöl
1½ l Gemüsebrühe
Oregano, Piment, Muskat
1 Lorbeerblatt
100 g junge Erbsen
40 g frisch geriebener Parmesan

Zwiebel und Knoblauch fein hacken, Erdäpfel in Würfel, Karotten und Lauch in dünne Scheiben schneiden. Broccoli in kleine Röschen zerteilen.

Gehäutete Paradeiser in kleine Stücke schneiden. Oregano fein hacken, Basilikum in feine Streifen schneiden.

Hörnchen in Salzwasser bissfest kochen.

Zwiebel und Knoblauch in Olivenöl goldgelb dünsten, mit Suppe ablöschen und mit Oregano, Piment, Muskat und Lorbeerblatt würzen. Suppe aufkochen, Erdäpfel und Karotten zugeben und zugedeckt 7 Minuten köcheln. Dann Broccoli, Lauch und Paradeiser zugeben und zugedeckt 8 Minuten köcheln. Erbsen zugeben und weitere 3 Minuten köcheln – Gemüse soll bissfest sein!

Nudeln und Basilikum untermischen, mit Salz und Pfeffer abschmecken und mit Parmesan bestreut servieren.

Süßer Hirseauflauf mit Kompott

1 El Butter
½ l Milch
1 Pkg Vanillezucker
Zitronenschale
180 g Hirse
3 Dotter
3 El Honig
2 El Kokosette
Rosinen, Zimt
3 Äpfel
Schnee von 3 Eiklar

Hirse mit kochendem Wasser schwemmen. Butter, Milch, Vanillezucker und Zitronenschale aufkochen. Hirse dazugeben und ca. 35 Minuten köcheln.

Dotter mit Honig gut schaumig rühren, mit abgekühltem Hirsebrei, Rosinen, Kokosette und Schnee mischen.

Äpfel schälen und in Würfel schneiden.

Die halbe Masse in eine gebutterte Auflaufform füllen, mit Zimt vermischte Apfelwürfel darüber streuen, dann den Rest der Masse dazugeben. Im vorgeheizten Rohr bei 160 Grad ca. 30 Minuten backen.

Erdäpfel-Basilikumsuppe

Kleingeschnittenes Gemüse, Knoblauch, Gewürze und Zitronensaft in Gemüsebrühe köcheln bis es weich ist. ½ Bd feingeschnittenes Basilikum dazugeben und alles pürieren.
Restliches Basilikum unterrühren und mit Paprika, Zucker, Olivenöl, Pfeffer und Salz abschmecken.

4 Erdäpfel
2 Karotten
1 Scheibe Zeller
1 l Gemüsebrühe
Salz, Pfeffer, Kümmel
1 Knoblauchzehe
1 Tl Zitronensaft
1 Bd Basilikum
Rosenpaprika, Zucker
1 El Olivenöl

Selleriesuppe

Fein gehackte Zwiebel in Butter anschwitzen, mit Gemüsebrühe aufgießen und 20 Minuten köcheln. Suppe pürieren, mit Zitronensaft, Salz, Pfeffer und Zucker abschmecken, Crème fraîche dazugeben und gut durchrühren.

600 g Sellerie
1 Zwiebel
2 El Butter
1 l Gemüsebrühe
1 Tl Zitronensaft
Salz, Pfeffer, Zucker
2 El Crème fraîche

Nudelauflauf und Paradeissalat

Zwiebel fein schneiden, in Olivenöl anschwitzen, kleingeschnittenes Gemüse dazugeben und kurz dünsten. Paradeismark dazugeben, mit Salz, Pfeffer und gehackter Petersilie würzen.

Das Gemüse mit den gekochten Teigwaren vermischen und in eine gebutterte Auflaufform füllen.

Guss – Rahm, Eier und Käse vermischen und über den Auflauf gießen.

Im vorgeheizten Rohr bei 200 Grad ca. 30 Minuten backen.

400 g Gemüse
(Karotten, Broccoli, Zucchini, Pilze, ...)
1 Zwiebel
2 El Paradeismark
100 g Käse zum Reiben
200 g Teigwaren
(Hörnchen, ...)
1 Bch Rahm
2-3 Eier

Obstkuchen

170 g griffiges Mehl 170 g Staubzucker 100 g Butter 4 Eier ½ Pkg Backpulver 1 Pkg Vanillezucker Obst zum Belegen	Butter, Zucker und Dotter schaumig rühren. Mehl mit Backpulver vermischen und dazugeben. Schnee unterheben. Masse in eine mit Backpapier ausgelegte Kastenform füllen und dicht mit Obst (Kirschen, Rharbarber, ...) belegen. Im vorgeheizten Rohr bei 170 Grad ca. 30-35 Minuten backen.

Bauernsalat

200 g Fisolen 1 Zwiebel 200 g Erdäpfel 1 roter Paprika 1 gelber Paprika 2 Frühlingszwiebel 1 Knoblauchzehe 1 kleine Salatgurke 3 Paradeiser 8 schwarze Oliven 1 El Kapern grober Pfeffer 2 hartgekochte Eier 4 El Weinessig 6 El Olivenöl	Fisolen in ca. 3 cm lange Stücke schneiden und in Salzwasser bissfest garen. 2 El Essig mit Salz und Pfeffer verrühren und die Fisolen marinieren. Erdäpfel kochen, schälen und noch warm in Scheiben schneiden. Mit Salz, Pfeffer, 1 El Essig und 2 El Olivenöl marinieren. Paprika und Frühlingszwiebel in Stücke schneiden und mit Knoblauch, dem restlichem Essig und Öl vermischen. Gurke schälen, halbieren, in dünne Scheiben schneiden. Paradeiser und Oliven würfeln und zur Salatmischung geben. Kapern beimengen. Alles in eine große Schüssel geben und vorsichtig mit vermischen. Mit Eiachteln garnieren. Nach Belieben mit Thunfisch und Sardellen anrichten.

Fisolengulasch mit Salzerdäpfel

Fisolen in 3 cm lange Stücke schneiden und in Salzwasser bissfest kochen und abseihen.
Feingeschnittene Zwiebel in Öl dünsten, Paprika dazugeben, durchrühren, vom Herd nehmen und mit Essig ablöschen. Paradeismark, Gemüsebrühe und Fisolen dazugeben und fertig garen.
Mit Salz und Pfeffer abschmecken und mit Mehl stauben.
Salzerdäpfel – Erdäpfel schälen und in Salzwasser weichkochen.

1 kg Fisolen
2 große Zwiebel
2 El Paradeismark
1 El Paprikapulver
1 Spritzer Essig
½ l Gemüsebrühe
Salz, Pfeffer
1 El Mehl
12-14 mittelgroße Erdäpfel
(3-4 pro Person)

Topfencreme

Topfen mit Milch cremig rühren, halbes Schlagobers und Zucker dazugeben und weiterrühren.
Gedünstetes Obst dazugeben und vermischen.
Rest des Schlagobers schlagen. In Schüsseln anrichten und mit dem geschlagenem Obers und Fruchtstücken garnieren.

1 Pkg Topfen
¼ l Milch
1 Bch Schlagobers
Zucker nach Bedarf
Obst (z.B. Rhabarber, Marillen, ...)

Kürbiscremesuppe

Knoblauch, Galgant und Koriander in Butterfett andünsten, Schlagobers und den in Würfel geschnittenen Kürbis dazugeben. Mit Brühe aufgießen und köcheln bis die Kürbisstücke weich sind. Pürieren, mit Kuzo binden und abschmecken.

etwas Butterfett
1 (600 g) Hokkaido-Kürbis
5 Knoblauchzehen
Galgant, gem. Koriander
1 Bch Schlagobers
1 l Gemüsebrühe
Kuzo oder Speisestärke, Salz

Kohlrübensuppe

2 Kohlrüben
1 Zwiebel
1 l Gemüsebrühe
Salz, Pfeffer, Muskat, Zitronensaft
Obers

Feingeschnittene Zwiebel in Öl andünsten, die in Stifte geschnittenen Kohlrüben dazugeben und kurz mitdünsten.

Mit Gemüsebrühe aufgießen und köcheln bis die Kohlrüben weich sind.

Mit etwas Zitronensaft, Salz, Pfeffer und Muskat abschmecken und mit Obers verfeinern.

Gemüsestrudel mit Kräutersauce

1 Pkg Strudelteig
500 g Erdäpfel (mehlig)
600 g Gemüse (Karotten, Broccoli, Karfiol)
Salz, Pfeffer, Muskat
geschmolzene Butter

Kräutersauce
1 El Butter
1 El Mehl (glatt)
1 Zwiebel
¼ l Milch
¼ l Suppe
Salz, Pfeffer, Kräuter

Erdäpfel schälen, in Stücke schneiden und in Salzwasser weich kochen und noch heiß durch die Erdäpfelpresse drücken. Mit etwas Milch und Butter vermischen.

Gemüse in ca. 1 cm große Stücke schneiden und in Salzwasser bissfest kochen, abschrecken und abtropfen lassen. Mit der Erdäpfelmasse vermischen und würzen.

Ein Strudelblatt auf ein feuchtes Tuch legen, mit zerlassener Butter bestreichen, ein zweites Strudelblatt darauflegen und wieder mit Butter bestreichen. Die Masse auf das untere Teigdrittel streichen, Strudelblätter seitlich einschlagen und von unten her aufrollen.

Backrohr auf 200 Grad vorheizen und den Strudel auf der mittleren Schiene ca. 30 Minuten goldgelb backen.

Kräutersauce – Zwiebel fein schneiden und in Butter anschwitzen, Mehl zugeben und aufschäumen lassen. Mit Suppe und Milch aufgießen und gut verkochen lassen. Mit Gewürzen und Kräutern abschmecken.

Grünkernsuppe

Feingehackte Zwiebel in Öl andünsten, gewürfeltes Suppengrün und Grünkernschrot dazugeben. Durchrühren, aufgießen und 20 Minuten köcheln. Würzen und mit Crème fraîche verfeinern. Petersilie darüber streuen und servieren.

2 El Öl
80 g Grünkern (fein geschrotet)
1 Zwiebel
1 l Gemüsebrühe
Suppengrün
1 El Crème fraîche

Lasagne mit Zucchini und Paradeiser

Zucchini raspeln, in Olivenöl andünsten, so lange weiterrösten bis die Flüssigkeit fast verkocht ist. Paradeiser dazugeben, würzen und zu sämigem Sugo köcheln.

In eine gefettete Auflaufform – mit dem Sugo beginnend – Schichten aus Teigplatten, Sugo und Käse usw. legen. Die oberste Schicht besteht aus Sugo und Käse.

Backrohr auf 180 Grad vorgeheizen und die Lasagne auf der mittleren Schiene ca. 1 Stunde backen.

Vor dem Anschneiden etwas rasten lassen.

4 El Olivenöl
3 große Zucchini
3 Zwiebel
5 Knoblauchzehen
3 große Dosen Paradeiser oder 8 frische Paradeiser
Salz, Pfeffer, Oregano, Suppenwürfel
18 Teigplatten oder Lasagneblätter
Gouda in Scheiben oder geraspelt

Ribiselkuchen

Staub- und Vanillezucker, Dotter und Wasser schaumig rühren. Nach und nach die zerlassene Butter, Mehl, Backpulver und Milch einrühren.

Auf ein mit Backpapier belegtes Blech streichen und hellgelb backen.

Inzwischen steifgeschlagenen Schnee mit Staub-, Vanillezucker und Ribiseln vermengen.

Die Masse auf den Kuchen streichen und fertig backen.

150 g Staubzucker
1 Pkg Vanillezucker
3 Dotter
3 El Wasser, 3 El Milch
60 g zerlassene Butter
250 g Mehl
½ Pkg Backpulver
Haube
3 Eiklar
200 g Staubzucker
1 Pkg Vanillezucker
300 g Ribisel

Karotten-Erdäpfelsuppe mit Chili und Ingwer

Episode TWO aus der Naikan-Küche

Josef Hartl

Episode TWO

„Der Naikan-Krautsalat in seine Bestandteile zerlegt"

In der Episode ONE erzählte ich von meinen Erfahrungen als Naikan-Leiter, der während einer Naikan-Woche als Koch fungiert. Mir lag daran, die Atmosphäre der Umgebung von Naikan-Übenden während ihres Prozesses im Außen zu spiegeln. Dies sollte mit Schmäh und einer skurril-intelligenten Leichtigkeit passieren. Nun, so mancher mag sich in manchem, was ich da schrieb, wiedererkannt haben. Andere mögen wiederum gedacht haben: „Was ist das für ein grob anmutender Kauz, und so was leitet normalerweise Wochen-Naikan?" Was sagte schon Bodhidharma, der Begründer des Zen-Buddhismus, als er vom chinesischen Kaiser gefragt wurde was die Essenz seiner Lehre sei: „Offene Weite und nichts von Heiligkeit!"

Es wird angenommen, dass der Kaiser damals Bahnhof – also nichts – verstand. Doch Bodhidharma hatte ihm wirklich die gesamte Essenz offenbart und dies in einer dem Zen gemäßen und häufig so typischen Art, der es an präziser Paradoxa nicht gefehlt hat. Der heilige Mann entsprach nicht den Priestern und Lehrern, die den Kaiser umgaben. Auf alle Fälle ging Bodhidharma, laut Überlieferung, nach dieser Begegnung vom Hof, um 9 Jahre oder waren es 11 – ich kann es nicht genau sagen – vor einer Felswand zu meditieren. Der Kaiser mag entweder das Gefühl gehabt haben, es mit einem Irren zu tun gehabt zu haben oder die Begegnung hat einen bleibenden Eindruck hinterlassen – vielleicht auch beides. Vielleicht war der Kaiser aber auch unsicher, schwankte zwischen Entzückung und Verstörung. Es könnte ja sein, dass er die Sache intellektuell nicht fassen konnte. Aber irgend etwas im Verlauf der Begegnung mit dem heiligen Mann, der so anders war, könnte beim Kaiser ins Schwingen geraten sein. Nun, wie dem auch sei, Bodhidharma schien ungerührt von den Reaktionen des Kaisers auf seine Worte, denn er setzte sich vor die Felswand. Was machte nun diesen Mann heilig? War es das lange Meditieren oder etwas, was sich dadurch in ihm entwickelte? Da hatte er nun die Chance gehabt, der Lehrmeister des Kaisers zu werden und handelte es scheinbar ab als eine Begegnung, die zwischen Frühstück und Mittagessen stattfand. Machte ihn etwa der Bewusstseinszustand der „Ungerührtheit" zum heiligen Mann? Genug der Spekulationen ob der Heiligkeit, ihrer Entstehung und ihrer Wertigkeit. Die heiligen Männer und Frauen wissen meist nichts von ihrem Zustand der Heiligkeit, denn sie sind mit ihren alltäglichen Verrichtungen

Episode TWO

beschäftigt. Und es gibt nicht umsonst in China den Spruch: „Der letzte (größte) Buddha sei am Fischmarkt (als Fischverkäufer) zu finden." Ich bin einmal am Fischmarkt von Tokio vorbeigefahren – es stank fürchterlich. Und dort soll es heilige Männer und Frauen geben oder gar einen großen Buddha? Danke, ich verzichte.

Nun will ich aber zum wesentlichen Thema meines Beitrages kommen. Nämlich zum Naikan-Krautsalat, der in seine Bestandteile zerlegt werden will. Als ich vom letzten Naikan-Kongress gelesen habe, den ich übrigens sehr schön fand, dachte ich mir beim Weglegen: „Na servas, so ein Naikan-Krautsalat!"

Wie gesagt – ich fand die Berichte und Vorträge am Naikan-Kongress sehr schön und spannend, wie Menschen ihre Eindrücke davon schildern.

Jedoch stellt sich einem bei der Vielfalt der Anwendungsgebiete und Motivationen, warum Menschen Naikan machen, die Frage: „Was ist nun Naikan wirklich?"

Ja, und welche geistige Nahrung erhalten die Menschen bei Naikan nun tatsächlich?

Darauf möchte ich mit meinem Wissens- und Erfahrungsstand Antworten geben. Ich möchte hier erwähnen, dass sich meine Antworten weder als die letzte Wirklichkeit noch als das absolut Gelbe vom Ei der Naikan-Welt verstehen.

Alleine die Themenflut am letzten Kongress mag so manchen Teilnehmer verunsichert haben: Naikan im Strafvollzug, in der Medizin und Therapie, in Suchtkliniken, der Familientherapie, Naikan in der Schule, im Management oder Naikan als geistig-spiritueller Weg, um nur einige Themengebiete aufzuzählen. Mir sind noch viel mehr Gebiete bekannt, bei denen die Naikan-Methode Anwendung findet.

Und hier ist es schon höchste Zeit, das Kraut von der Marinade zu trennen.

Was verstehen die Menschen unter Naikan? Und wenn von Naikan gesprochen wird, wovon sprechen sie? Vom Umstand, dass sie mittels der Naikan-Methode ihren eigenen Geist und Bewusstseinszustand untersucht haben oder von den Erfahrungen, die sie dabei gemacht haben? Und bezeichnen sie die tiefgreifenden Erlebnisse, die sie während einer Woche haben, als Naikan? Wie zum Beispiel das Gefühl, sich mit allem verbunden

Episode TWO

zu fühlen oder den Moment, wo sie merken, dass die Versöhnung mit der Mutter, dem Vater oder dem Partner ein Prozess ist, den sie gerade jetzt im Augenblick in sich verspüren. Aber ist das Naikan?

Wenn wir von Naikan sprechen, müssen wir zuerst einmal unterscheiden zwischen dem Umstand, dass es eine Naikan-Methode gibt, die Menschen aus verschiedensten Motivationen nützen und den Erfahrungen, die sie mittels dieser Methode machen. Denn beides, sowohl die tiefen Erfahrungen, wie verschieden oder ähnlich sie bei den Einzelnen auch sein mögen, als auch der Umstand, dass Menschen dies mit der Methode Naikan erfahren haben, wird häufig als Naikan machen, das Naikan usw. bezeichnet.

Tatsache ist aber, dass wenn Menschen sagen: Ich habe eine Woche Naikan gemacht, sie doch meinen, sie haben eine Woche mit der Methode Naikan zugebracht. Wie viel Zeit sie wirklich im Naikan waren, steht in den Sternen. Vielleicht gar nicht oder einen Augenblick oder eine Stunde oder vielleicht einen Tag.

Yoshimoto Sensei, Begründer der Naikan-Methode, sagte: „Naikan kommt von Buddha und Shinran[1]" und „Ich schlage nur die Trommel."

Nun, was meinte er damit, wenn er sagte: „Naikan kommt von Buddha, bzw. einem buddhistischen Heiligen und er schlage nur die Trommel?"

Natürlich drückte Yoshimoto Sensei damit aus, dass er eine Methode gefunden hat (Trommel schlagen), die es dem Menschen ermöglicht, einen Bewusstseinszustand zu erlangen und zu verwirklichen, den man im Buddhismus Erleuchtung, Erwachen oder Buddhaschaft nennt.

Yoshimoto Sensei sagte auch: „Naikan hat zum Ziel, innerlich glücklich zu sein, egal, was äußerlich passiert!"

Hier meinte er, dass wir Menschen mittels des Werkzeugs Naikan-Methode einen Bewusstseinszustand verwirklichen können, in dem wir inneren Frieden und ewiges Glück erfahren, auch wenn äußerlich alles schief geht. Auch wenn unsere Kinder sterben oder ein Krieg ausbricht oder wir eine tödliche Krankheit haben oder durch einen Autounfall gelähmt sind – sind wir im Naikan. Also haben wir unser Bewusstsein zum vollen Erwachen gebracht und wir sind trotz all diesen Ungemachs innerlich tief im Frieden und Glück. Auch das Gegenteil vermag nicht, uns dieses Glück und diesen Frieden zu nehmen. Wir verlieren unseren inneren Frieden auch

---
[1] Begründer des Jodo-shin-Buddhismus

Episode TWO

nicht, wenn wir uns neu verlieben, einen Lotto-Sechser machen oder einen unglaublichen Karrieresprung erleben. Durch Naikan können wir lernen, in unserer Mitte zu bleiben und in Gleichmütigkeit und innerem Frieden zu sein, egal ob wir größtes Glück und größte Liebe oder aber größte Trauer und Hässlichkeit durchleben. Dieses innerlich absolut friedliche, gleichmütige und glückliche Wesen in uns zu kultivieren und erhalten, bezeichnet Yoshimoto Sensei als „im Naikan Sein" und „Naikan machen" und er bezeichnet hiermit Satori – die Erleuchtung im buddhistischen Sinn.

Und wenn Yoshimoto Sensei sagte: Machen Sie Naikan, so meinte er: Üben Sie mit der Naikan-Methode, um diesen Zustand (Naikan-Erleuchtung) zu verwirklichen und zu leben.

Also, wenn wir nun vom Naikan in der Schule, als Therapie, im Strafvollzug, als Selbsterfahrung, usw. reden, so meinen wir die Anwendungsgebiete von Naikan als Methode. Ja, die Menschen machen Naikan, aber machen sie Naikan?

Am Naikan-Kongress wurde – wie gesagt – von vielen Anwendungsgebieten gesprochen. Auch von der Adaption der klassischen Naikan-Methode. Da kommt ein Mensch, der in einer Krisensituation ist, etwa kurz vor der Scheidung, und übt eine Woche Naikan. Er arbeitet also mit der Naikan-Methode an sich, mit dem Ziel, seine Ehe zu retten. Als Ergebnis – er versöhnt sich innerlich mit der Mutter und dem Vater – fühlt er sich insgesamt friedlicher und klarer im Geist. Nun kommt er nach Hause und es geht ihm aufgrund der versöhnlichen Atmosphäre, die er in sich verspürt, wieder gut mit seiner Frau und ihr mit ihm. Denn sein Verhalten ist eben aus seiner gemachten Erfahrung heraus ein anderes geworden. Naikan bedeutet für diesen Mann Versöhnung mit seiner Vergangenheit, Versöhnung mit den Eltern und der Frau und diesen Zustand bezeichnet er dann als: Ich habe Naikan gemacht und Naikan hat mir geholfen, mich mit mir zu versöhnen. Oder Naikan hat meine Ehe gerettet.

In Wirklichkeit hat er sich selbst gerettet und dies mittels der Erkenntnisse und Erfahrungen, die er mit dem Werkzeug Naikan-Methode gemacht hat.

Deswegen muss er noch lange nicht Naikan im Sinne von Yoshimoto Sensei gemacht haben. Er hat aber trotzdem Naikan gemacht.

Genauso gut könnte dieser Mann nach einer Woche Naikan und der Versöhnung mit Mutter, Vater, sich selbst und der Vergangenheit einschließlich seiner Frau zum Schluss kommen, dass es für ihn wie für seine Frau besser wäre, sich scheiden zu lassen. Er könnte dann sagen: Naikan hat mir geholfen, Frieden und Klarheit zu finden und mir erst wieder ermöglicht, mein Leben zu leben. Auch die Frau könnte vielleicht sagen: Ich habe mit Hilfe meines Mannes Klarheit gefunden und fühle mich wieder lebendiger und freier – nach Naikan war er anders.

Auch unter diesen Umständen muss der Mann noch nicht Naikan im Sinne von Yoshimoto Sensei gemacht haben und trotzdem kann er Naikan gemacht haben.

Was will ich damit sagen?

Nun, die Menschen üben mit der Naikan-Methode aus verschiedensten Gründen. Und alle haben das Gefühl, wenn sie einen Schritt mit der Übung weitergekommen sind, dass sie Naikan gemacht haben. Das Weiterkommen bedeutet häufig Krisenbewältigung, eine neue Orientierung gefunden zu haben, Entschlüsse zu fassen, vor denen man jahrelang davongelaufen ist, oder nicht mehr so ängstlich zu sein. Ja, meist ist es mit einem neuen, besseren Lebensgefühl verbunden. Dann sagen die Menschen, sie haben Naikan gemacht oder Naikan hat ihnen geholfen. In Wirklichkeit haben sie etwas in ihrem Bewusstsein verändert, in ihrer Einstellung, in ihrer Wahrnehmung der Umwelt, sind sie sensibilisierter, usw. Sie haben sich selbst geholfen, indem sie sehen, dass sie durch andere auch getragen werden. Ja, und sie haben zu 50 Prozent Recht und zu 50 Prozent Unrecht, wenn sie sagen, dass sie Naikan gemacht haben. Sie dürfen erst dann behaupten, Naikan gemacht zu haben, wenn sie ihr Bewusstsein so zum Erwachen gebracht haben, dass sie innerlich glücklich und zufrieden und voller Dankbarkeit und Liebe für alles sind – egal was äußerlich passiert.

Dann stellen wir aber sicherlich nicht die Behauptung auf, dass wir Naikan gemacht haben, denn dann sind wir im Naikan. Wenn wir im Naikan sind, üben wir uns darin, uns Naikan immer mehr anzunähern und haben nie das Gefühl, dass wir Naikan machen.

Das ist so wie mit diesen komischen Heiligen, die ausschließlich mit ihrem alltäglichen Leben zu tun haben und sich über die Heiligkeit keine Gedanken machen, ja weit davon entfernt sind, sich selbst mit der Heiligkeit in Verbindung zu bringen.

Episode TWO

Nun – so betrachtet – muss ich sagen, dass viele Menschen am Kongress, die gesagt haben, sie hätten Naikan gemacht, recht hatten mit der Behauptung, dies im Sinne mit der Methode an ihrem Geist gearbeitet zu haben!

Wie viele aber wirklich Naikan erfahren haben, steht in den Sternen.

Welche geistige Nahrung erhalten also die Menschen bei einer Naikan-Woche? Ja, eben ein Werkzeug – die Methode. Weiters die Anleitung, wie sie damit umzugehen lernen. Sie erhalten ihre eigene geistige Welt mit all ihren Möglichkeiten im Sinne, dass sie mittels des Werkzeugs ihr reales Leben untersuchen. Weiters erhalten sie über das So-Sein des Naikan-Begleiters und seiner geistigen Verwirklichung die Hilfestellung für ihre Selbstarbeit.

Mit dem So-Sein des Naikan-Leiters meine ich hier die Kraft jenes Menschen, die er entwickelt hat, während er sich mit der Naikan-Methode dem Naikan annäherte. Diese Kraft oder Verwirklichung kann der Leiter dem Übenden in Form seiner Art, wie er ihn begleitet, zur Verfügung stellen.

Zusammengefasst könnten wir über die geistige Nahrung beim Naikan Folgendes sagen: Es ist das Werkzeug (Methode Naikan), wir selbst und unser Leben mit all unseren Mitmenschen und die verwirklichte Kraft des/der Naikan-Leiters/Naikan-Leiterin. Und etwas, wozu man Gnade sagt. „A Sau muaßt afoch håm", würde ein vielleicht heiliger Narr sagen.

Nun scheinbar besteht der in seine Bestandteile zerlegte Naikan-Krautsalat aus einem Krautsalat.

Aber eben nur scheinbar. Denn wer Ohren hat, der höre und wer Augen hat, der sehe. Was jedoch noch lange nicht heißt, dass wenn man Ohren hat, man auch wirklich hört. Menschen mit Augen im Kopf sind oft blinder als eine Maulwurffamilie. Das Schreckliche am Leben ist unter anderem, dass Menschen, die sich eines Adlerblicks rühmen, in Wirklichkeit Maulwürfe sind, da sie zwar einen scharfen Blick und reine Pupillen haben, ihr Herz jedoch nichts weiter ist als eine funktionelle Pumpe fürs Blut.

In der Chinesischen Medizin und der 5 Elemente Lehre steht das Herz auch für Klarheit im Ausdruck. Klarheit im Ausdruck meint auch Klarheit im Leben, was eine gelöste Sinn- und Seinsfrage beinhaltet.

Episode TWO

Ich möchte meine Ausführungen, die – wie gesagt – möglicherweise nicht das Gelbe vom Ei aus der Naikan-Welt sind, mit einem Gedicht von Rainer Maria Rilke beenden, das für mich einen starken Naikan-Charakter in sich birgt.

Ja, und ich hoffe, Sie können mit dem Krautsalat, bei dem zumindest das Kraut von der Marinade getrennt wurde, etwas anfangen.

Wir bauen mit zitternden Händen

Wir bauen an dir mit zitternden Händen
und wir türmen Atom auf Atom.
Aber wer kann dich vollenden,
du Dom.
Was ist Rom?
Es zerfällt.
Was ist die Welt?
Sie wird zerschlagen
eh deine Türme Kuppeln tragen,
eh aus Meilen von Mosaik
deine strahlende Stirne stieg.
Aber manchmal im Traum
kann ich deinen Raum
überschaun,
tief vom Beginne
bis zu des Daches goldenem Grate.
Und ich seh: meine Sinne
bilden und baun
die letzten Zierate.

Rainer Maria Rilke, 22.9.1899, Berlin-Schmargendorf

Herbst

Stefanie Tuczai

Stefanie Tuczai – Kurzbiographie

Geboren 1969 in Oberpullendorf; wohnt seit 1991 in Wien; 13 Jahre Tätigkeit als Pädagogin im Primar-Schulbereich, davon 5 Jahre in einem Montessori-Schul-Projekt; seit 2001 Naikido-Shiatsu-Praktikerin mit Diplom vom Österreichischen Dachverband, derzeit in selbständiger Praxis tätig; seit Februar 2000 in Ausbildung zur Naikan-Leiterin; seit 2000 Meditations-Praxis im Senkozan-Dojo des Naikido-Zentrums Wien; leitet seit Mai 2004 das Tagesnaikan im Naikido-Zentrum Wien; aktiv als Köchin im Naikan Haus Ötscherland.

---

vorige Seite:
Herbststimmung

Herbst

Persönlicher Erfahrungsbericht
„Naikan hat mich zum Kochen gebracht"

Mein erstes Naikan habe ich im Sommer 1999 gemacht, das heißt ich beschäftige mich nun schon viereinhalb Jahre lang mit Naikan.

Seither habe ich fünfmal Naikan geübt und zehn Naikan-Wochen als Assistenzleiterin begleitet.

Nun darf ich bei diesem Naikan-Kochbuch mitarbeiten und einen Erfahrungsbericht schreiben.

Ich möchte gerne übers Kochen und Essen schreiben, was für mich bei einem Kochbuch naheliegend ist.

Was hat sich denn diesbezüglich für mich verändert, seit ich mich mit Naikan beschäftige?

Nun ja, sehr viel.

Wenn ich in meiner Geschichte zurückschaue, dann hat es bei mir in meiner Ursprungsfamilie folgendermaßen ausgesehen: Fürs Kochen war großteils meine Mutter zuständig. Und meine zwei Schwestern – die eine jünger, die andere älter als ich – haben sie teilweise unterstützt bzw. sich dafür interessiert, kochen zu lernen.

Ich selbst habe mich total rausgehalten aus dieser Tätigkeit und habe auch kein Interesse gezeigt, diesbezüglich etwas dazuzulernen. Habe mich lieber in mein Zimmer zurückgezogen und mich in meine Schulbücher vergraben und hinter ihnen versteckt.

Und ich bin erst wieder aufgetaucht, als es hieß: „Essen ist fertig."

Ich habe auch lange Zeit später sehr selten gekocht. Auf der Pädagogischen Akademie, weil ich ja irgendetwas essen musste: Spaghetti mit Paradeissauce, Gemüse aus der Tiefkühltruhe, Erdäpfelpüree aus Instant-Pulver und Ähnliches – also nicht besonders gesund.

Und als ich dann in Wien gewohnt habe und einen eigenen Haushalt führte, habe nicht ich gekocht, sondern mein damaliger Freund. Ich habe mich großteils bekochen lassen.

Dann kam die Zeit, als die Beziehung zu Ende ging und ich alleine den Haushalt führte. Nun ja, da musste ich nun selbst kochen. Doch ich kam vom Instant-Futter nicht weg: einige Standardgerichte bestimmten meinen Speiseplan, keine Abwechslung und kein Sinn für gesunde Ernährung.

Durch die Shiatsu-Ausbildung bin ich erstmals mit dem Thema Nahrung und Nahrungsaufnahme konfrontiert worden. Was nehme ich in mich auf?

Herbst

Und ich weiß noch genau, wie beeindruckend und in guter Erinnerung mir das Essen in meiner ersten Naikan-Woche geblieben ist. Es war ein wichtiger Teil in dem gesamten Umsorgtwerden, das ich damals erstmals mit einer starken Intensität erlebt hatte.

Damals habe ich den Blick für die „kleinen Dinge" im Alltag bekommen. Und dadurch, dass ich teilweise bei der Arbeitsmeditation in der Küche eingeteilt war und fürs Essen Gemüse oder Ähnliches vorbereitet habe, habe ich auch einen Bezug dafür bekommen, dass die Karotte, die ich am Vormittag roh geschnitten hatte, zu Mittag wohl zubereitet und äußerst g´schmackig gewürzt auf meinem Tablett zum Verzehr für mich bereitstand. Und die vielen Schritte, die zwischen meinem Schneiden und dem Essen noch geschehen waren, konnte ich mir im Naikan-Sinn zusammenreimen. Wie viele Handgriffe da meine Naikan-LeiterInnen und Naikan-BegleiterInnen noch getan hatten, war für mich nur zu erahnen.

Und der absolute Hit für mich damals war der Topfenauflauf: total flaumig – ohne zu übertreiben – zerging er mir förmlich auf der Zunge. Ein wirklicher Gaumengenuss!

Gleich, als das Naikan zu Ende war, bat ich die Köchin, mir das Rezept von diesem unglaublichen Topfenauflauf zu geben... Das Interesse fürs Kochen war geweckt.

Im Zuge meiner Naikan-Leiter-Ausbildung habe ich Josef sehr oft beim Kochen unterstützt und ihm beim Kochen genau auf die Finger geschaut.

Und seit dem ersten Naikan, bei dem ich assistiert habe, koche ich den Porridge am Morgen für die TeilnehmerInnen selbst. Und ich koche auch für mich zu Hause Porridge zum Frühstück.

Im Zuge meiner Naikan-Leiter-Ausbildung habe ich auch gelernt, für eine Gruppe von Menschen zu kochen. Anfangs hatte ich nur mein kleines Repertoire an selbstgekochten Speisen, das gerade für vier Mahlzeiten ausreichte. Doch nach und nach hatte ich den Mut, neue Speisen auszuprobieren – und bis jetzt ist noch alles, was ich in Bodingbach gekocht habe, gelungen und hat den TeilnehmerInnen geschmeckt. Vieles habe ich zum ersten Mal gekocht.

Im Oktober 2003 habe ich dann bei einem Naikan, das Helga geleitet hat, zum ersten Mal eine ganze Woche hindurch alle Mahlzeiten für die TeilnehmerInnen selbst gekocht. Und es ist tatsächlich alles zeitgerecht fertig geworden und gelungen. Helga hat mich auch darin unterstützt, viele neue Gerichte auszuprobieren. Ich denke nur an die Apfelspalten, die Hirse-

Herbst

schnitten, den süßen Gerstensalat ...

Auch privat koche ich mittlerweile sehr viel selbst und lade auch Menschen ein, die ich bekoche. Und es macht mir sehr viel Spaß, zu kochen und in Gesellschaft zu essen.

Bei meinem letzten Naikan, wo ich selbst hinter dem Naikan-Schirm geübt habe, ist mir der Zusammenhang zwischen der Beziehung zu meiner Mutter, der Beziehung zur Erde schlechthin, und der Beziehung zum Essen und zur Nahrung stark bewusst geworden. Auch was meine Entwicklung diesbezüglich betrifft.

Es gab Zeiten, da habe ich meine Mutter bzw. die Erde sinnbildlich mit Füßen getreten. Das war natürlich auch die Zeit, als ich vom Kochen nichts wissen wollte. Damals habe ich das Essen, das meine Mutter gekocht hat, auch nicht wirklich schätzen können.

Heute habe ich eine ganz andere Beziehung zu meiner Mutter. Ich schätze und liebe sie sehr. Und ich sehe, wie sie mittlerweile 34 Jahre für mich hin- und herwuselt, um mir gutes Essen zuzubereiten. Und ich sehe, wie viel Mühe und Zeit sie aufwendet, um frisches Gemüse im Garten zu ziehen und mir die Früchte zu schenken bzw. für mich daraus etwas Feines zu kochen.

Für mich hat Kochen und Nahrung sehr viel zu tun mit der Qualität der Erde und der Mütterlichkeit. Und für mich hat sich durch das Üben mit Naikan und durch das Kochen und die Auseinandersetzung mit gesunder Ernährung sehr viel verändert bezüglich der Beziehung zu meiner Mutter und bezüglich der Entwicklung der Erdqualitäten in mir.

Und ich bin dem Naikan, meinen Naikan-Mentoren Helga und Josef Hartl und allen Menschen, für die ich bis heute kochen durfte, sehr dankbar dafür, dass sie dieses Lernen ermöglicht haben.

Ja, und bezüglich des Speiseplans, den ich zusammengestellt habe, noch eine kurze Ergänzung: Der „gezogene Apfelstrudel" und die „Erdäpfelkrapferl mit Fisolengemüse" sind original von meiner Mama übernommen. Und ich möchte meiner Mama hiermit nochmals danken für alles, was sie für mich bis heute in meinem Leben getan hat und für jeden kleinen Handgriff, der nötig war, um mir ein gutes Essen auf den Tisch zu stellen.

Danke, liebe Mama.

Herbst

Speiseplan einer Naikan-Woche im Herbst

Freitag	Abend	Linsensuppe mit pikantem Aufstrich
Samstag	Mittag	Krautfleckerl mit Rote-Rüben-Salat Vanillepudding
	Abend	Kürbissuppe
Sonntag	Mittag	Klare Suppe mit Ei Erdäpfelkrapferl mit Fisolengemüse
	Abend	Gerstencremesuppe
Montag	Mittag	Polenta mit Karottengemüse und grünem Salat Süß-pikanter Gerstensalat
	Abend	Krautsuppe Gebackene Apfelspalten
Dienstag	Mittag	Karfiolcremesuppe Karottenpuffer mit Reis und Gurkensalat
	Abend	Erdäpfelsuppe
Mittwoch	Mittag	Milde Gemüsesuppe Topfenpalatschinken mit Apfelkompott
	Abend	Karotten-Erdäpfelsuppe mit Curry und Ingwer
Donnerstag	Mittag	Kürbis-Sugo mit Nudeln und Eisbergsalat Bratäpfel
	Abend	Hirsesuppe mit Erdäpfelaufstrich
Freitag	Mittag	Borschtsch Apfelstrudel (gezogen, von der Mama)

Linsensuppe

Die Linsen in Wasser etwas quellen lassen (ca. ½ Stunde). In der Zwischenzeit Zwiebel schälen und kleinwürfelig schneiden.

Butter heiß werden lassen. Zwiebel rösten. Knoblauch, Ingwer, Gelbwurz, Curry und andere Gewürze kurz mitrösten, dann mit etwas Wasser löschen.

Die roten Linsen hinzufügen und mit Wasser aufgießen. Mit Suppenwürfel und Salz würzen.

Aufkochen lassen, dann bei mittlerer Hitze köcheln, bis die Linsen weich sind und ihren Geschmack entwickeln.

Vor dem Servieren Crème fraîche hinzufügen, mit Zitronensaft abschmecken und mit frisch geschnittener Petersilie servieren.

1 mittelgroße Zwiebel
3 Knoblauchzehen
etwas frisch geriebener Ingwer
etwas Butter
200 g rote Linsen
1 l Wasser
1 Suppenwürfel
Salz, Gelbwurz, Curry
Eventuell: etwas Muskat, etwas Kreuzkümmel, etwas Zimt
150 g Crème fraîche
Saft von einer ½ Zitrone
Petersilie

Pikanter Aufstrich

Zwiebel schälen und klein würfelig schneiden. Essiggurkerl klein würfelig schneiden. Topfen und Gewürze hinzufügen und gut verrühren.

¼ kg Topfen
2 Essiggurkerl
1 Zwiebel
etwas Senf, etwas Paprika, etwas Pfeffer, Salz

Krautfleckerl

Kraut fein schneiden, waschen, abbrühen und abseihen. Zwiebel rösten, Kraut hinzufügen, aufgießen, salzen, dünsten und mit Pfeffer würzen.

Wasser zum Kochen bringen, Fleckerl kochen und abseihen. Die Fleckerl mit dem gedünsteten Kraut vermengen.

¾ kg Kraut
1 Zwiebel
Salz, Pfeffer
320 g Fleckerl
(80g pro Person)

Rote-Rüben-Salat: gekauft, aus dem Glas

Kürbissuppe

700 g Kürbis (Feldkürbis)
1 Zwiebel
1½ l Wasser
1 Suppenwürfel
1 Bch Crème fraîche
Majoran, Thymian, Salz, etwas Muskat, etwas Pfeffer,
Kürbiskernöl, Kürbiskerne

Den Kürbis putzen und grob schneiden. Zwiebel klein schneiden und rösten. Majoran und Thymian mitrösten, den Kürbis hinzufügen und kurz anrösten. Mit Wasser aufgießen und mit Salz, Suppenwürfel, Muskat und Pfeffer würzen. Aufkochen lassen und bei mittlerer Hitze kochen, bis der Kürbis weich ist. Crème fraîche hinzufügen und pürieren.

Mit Kürbiskernöl und Kürbiskernen garnieren.

Klare Suppe mit Ei

1½ l Wasser
1 Suppenwürfel
4 Karotten
4 Eier
Salz, Stangensellerie
Petersilie

Wasser in einen Topf geben, geschnittene Karotten und Stangensellerie hinzufügen, mit Suppenwürfel und Salz würzen, aufkochen lassen und köcheln bis die Karotten weich sind.

Kurz vor dem Servieren 1 Ei in die Suppenschüssel schlagen und die Suppe darüber schütten, mit Petersilie garnieren.

Erdäpfelkrapferl mit Fisolengemüse

Die Erdäpfel kochen, schälen und zerdrücken.
Mit den anderen Zutaten einen Teig kneten, portionieren und handtellergroße Laibchen formen – in etwa wie faschierte Laibchen, nur etwas dünner, ca. 5 mm dick.
Die Laibchen panieren und in Öl heraus-backen.

Fisolen kochen und salzen. Aus Zwiebel, Butter und Mehl eine Einbrenn zubereiten und den gekochten Fisolen beimengen. Mit Sauerrahm verrühren und würzen.

5 Erdäpfel
300 g Mehl
2 El Weizengrieß
70 g Butter
1 Ei
1 Pr Salz
Panier
2 Eier
Brösel, Mehl
Öl
500 g Fisolen
1 Bch Rahm
1 Suppenwürfel
Pfeffer, Paprika, Salz, Dille
Einbrenn
Zwiebel, Mehl, etwas Butter

Gerstencremesuppe

Zwiebel in Butter anrösten, Gerstenschrot kurz mitrösten und mit der Gemüsebrühe aufgießen. Die Gewürze und das Gemüse hinzufügen. Ungefähr eine halbe Stunde kochen.
Zum Schluss mit Ei und Schlagobers legieren. Mit Schnittlauch bestreuen.

2 Karotten
125 g Knollensellerie
1 Lauch
2 Erdäpfel
50 g Butter
50 g Gerstenschrot (grob)
1 l Gemüsebrühe
1 Lorbeerblatt
1 Zwiebel
1 Dotter
50 g Schlagobers
Gewürznelken, Salz, Schnittlauch, Wacholderbeeren, Pfefferkörner

Polenta mit Karottengemüse und grünem Salat

1 l Wasser	
150 g Polenta	
1 Pr Salz	
Käse zum Überbacken	
8-10 Karotten	
2 Zwiebel	
1 Suppenwürfel	
Butter, Gelbwurz, Curry, etwas frisch geriebener Ingwer, Salz, Petersilie, Muskat, Zitronensaft eventuell: Crème fraîche	

Polenta – Wasser aufkochen lassen. Salz, Ingwer, Muskat und Zitronensaft beimengen. Polenta ins kochende Wasser rühren, aufkochen lassen und auf kleinster Stufe köcheln lassen. Immer wieder umrühren. Nach ca. 5 Minuten den Brei in eine Auflaufform gießen, mit Käse bestreuen, mit etwas Muskat würzen. 1 Stunde rasten und quellen lassen und anschließend bei 200 Grad im Rohr backen, bis der Käse knusprig ist.

Karottengemüse – Zwiebel in Butter rösten. Ingwer, Gelbwurz und Curry kurz mitrösten, mit etwas Wasser löschen, Suppenwürfel und Salz dazugeben. Karotten beimengen und kochen bis sie weich sind. Eventuell mit Crème fraîche verfeinern und mit Petersilie bestreut servieren.

Salat – Marinade aus italienischem Rotweinessig, Kürbiskernöl, Salz, einer Prise Zucker zubereiten und den Salat mit Kürbiskernen garnieren.

Süß-pikanter Gerstensalat

Gerstenwasser – Gerste mit warmem Wasser waschen. ¾ l heißes Wasser in einen Topf geben und Gerste über Nacht einweichen.

Am nächsten Tag die Gerste im Einweichwasser etwa 30 Minuten köcheln.

Variante – Wenn die Gerste nicht eingeweicht wurde, nimmt man etwa doppelt soviel Wasser wie Gerste. Man köchelt sie etwa 30 Minuten und lässt sie nochmals 30 Minuten auf kleinster Kochstufe bei geschlossenem Deckel quellen.

Für den Gerstensalat die Zutaten vom Gerstenwasser mit den restlichen Zutaten gut vermischen, 1 Stunde ziehen lassen und geschlagenes Obers darunter heben.

300 g Gerste
2 süße Äpfel, kleingeschnitten
1 Hand voll Trauben
9-10 Datteln
50 g gehackte Mandeln
1 Pr Salz
etwas Curry, Saft einer Zitrone, geriebene Zitronenschale, etwas Kakao, etwas Honig
100 ml Obers

Krautsuppe

Zwiebel rösten, Gewürze hinzufügen und kurz mitrösten. Das fein geschnittene Kraut beimengen und kurz anrösten, mit der Gemüsebrühe aufgießen und kochen lassen.

Vor dem Servieren mit Paradeismark abschmecken.

500 g Kraut
1 Zwiebel
1½ l Gemüsebrühe
Salz, Pfeffer, Paprika, Lorbeerblätter, Wacholderbeeren,
gem. Kümmel
1 El Paradeismark

Gebackene Apfelspalten

Mehl, Milch, Salz, Ei gut versprudeln und etwas rasten lassen.

Äpfel schälen, Kerngehäuse entfernen (mit dem Apfelentkerner) und in 1 cm dicke Scheiben schneiden. Die Scheiben in den Backteig tauchen, in heißem Fett auf beiden Seiten goldgelb backen und, mit Zucker bestreut, gleich servieren.

100 g Mehl (glatt)
⅛ l Milch
1 Ei
500 g Äpfel
200 g Fett
Salz

Karfiolcremesuppe

1½ l Wasser
1 kleiner Karfiol
Salz, eventuell Pfeffer, Petersilie

Den Karfiol putzen, waschen, teilen und in Salzwasser weich kochen. Pürieren, mit Pfeffer würzen, mit Petersilie garnieren und eventuell mit Crème fraîche verfeinern. Man kann auch ein paar Erdäpfel mitkochen.

Karottenpuffer mit Reis und Gurkensalat

2 mittelgroße Karotten
2 Eier
2 geh. El Buchweizenmehl
Salz, Pfeffer, Öl

4 Ta Wasser
2 Ta Basmati Reis

2 Salatgurken
2 Bch Joghurt
Knoblauch

Karottenpuffer – Die Karotten gründlich waschen, fein reiben und mit den anderen Zutaten verrühren. Eine Pfanne erhitzen, Öl hineingeben und aus dem Teig kleine flache Puffer backen.

Reis – Wasser zum Kochen bringen. Basmati Reis hineingeben, salzen und kochen, bis der Reis fertig ist.

Gurkensalat – Salatgurken schälen und raffeln. Joghurt und gepressten Knoblauch hinzufügen. Gut vermischen und mit Salz und Pfeffer würzen. Mit rotem Paprika garnieren.

Erdäpfelsuppe

1½ l Wasser
6 Erdäpfel
1 Zwiebel
1 Suppenwürfel
etwas Butter
Majoran, Salz, Muskat
Crème fraîche, Petersilie

Die Erdäpfel schälen, schneiden und waschen. Die Zwiebel schälen, schneiden und in Butter rösten. Majoran und Muskat mitrösten. Mit Wasser aufgießen und die geschnittenen Erdäpfel beimengen. Mit Suppenwürfel und Salz würzen. Kochen bis die Erdäpfel weich sind, mit Crème fraîche verfeinern und mit Petersilie bestreut servieren.

Milde Gemüsesuppe

Gemüse waschen, schneiden und in Wasser kochen. Salz und Suppenwürfel beimengen und köcheln bis das Gemüse durch ist. Mit Petersilie bestreut servieren.

1½ l Wasser
3 Karotten
4 Erdäpfel
½ Kohlrabi
1 Suppenwürfel
eine Hand voll Erbsen
Salz, Petersilie

Topfenpalatschinken mit Apfelkompott

Die Zutaten für den Teig verrühren und eine halbe Stunde rasten lassen. Palatschinken in heißem Fett herausbacken.

Die fertigen Palatschinken mit der Topfenfülle füllen und leicht zuckern.

Apfelkompott – Die Äpfel schälen und in Spalten schneiden. Zucker, Nelken, Zitronensaft und Zimtrinde in ⅜ l Wasser aufkochen, die Äpfel dazugeben und weich kochen.
Nun die Zitronenschale dazugeben, Kompott vom Herd nehmen und zugedeckt stehen lassen.

Topfenpalatschinken
160 g Mehl (glatt)
⅜ l Milch
2 Eier
Salz
Fülle
150 g Topfen
1 Dotter
40 g Rosinen
70 g Staubzucker
etwas Zitronensaft
Apfelkompott
700 g Äpfel
150 g Zucker
2 Gewürznelken
1 Zimtrinde
⅜ l Wasser
Saft von einer ½ Zitrone, Zitronenschale

Herbst

Karotten-Erdäpfelsuppe mit Curry und Ingwer

8 Karotten
4 Erdäpfel
1 Zwiebel
1 Suppenwürfel
etwas frisch geriebener Ingwer, Curry, Salz, Muskat, Crème fraîche, Petersilie

Zwiebel rösten, Karotten, Erdäpfel und Curry kurz mitrösten und mit Wasser aufgießen. Salz, Suppenwürfel und Ingwer dazugeben und kochen bis das Gemüse weich ist. Pürieren, mit Muskat abschmecken, mit Crème fraîche verfeinern und mit Petersilie bestreut servieren.

Kürbis-Sugo mit Nudeln und Eisbergsalat

1 Zwiebel
1 kleiner Hokkaido-Kürbis
1 Suppenwürfel
320 g Nudeln (80 g pro Person)
Salz, Majoran, Curry, Gelbwurz, etwas Zimt, Petersilie zum Garnieren

½ Häuptel Eisbergsalat
1 Apfel

Den Kürbis waschen und in ganz kleine Stücke schneiden. Zwiebel schneiden und rösten, Majoran, Curry, Gelbwurz mitrösten und mit etwas Wasser ablöschen. Den Kürbis hinzufügen, mit Suppenwürfel und Salz würzen. Dünsten bis der Kürbis durch ist. Eventuell mit Zimt abschmecken.

Nudeln in Salzwasser kochen.

Die Nudeln mit dem Kürbis-Sugo portionieren und mit Petersilie garnieren.

Salat – waschen, einen Apfel schälen, putzen, in kleine Stücke schneiden und zum Salat geben. Marinade aus Olivenöl, Balsamico Essig und Salz zubereiten und über den Salat gießen.

Kürbis-Sugo mit Nudeln servieren.

Bratäpfel

Die Äpfel waschen, das Kerngehäuse entfernen und die Äpfel in eine feuerfeste Form stellen. Die Nüsse, Rosinen und den Topfen mischen und mit Zimt und Zitronenschale abschmecken. Die Masse in die Äpfel füllen.
Das Backrohr auf 200 Grad vorheizen und die Äpfel 15-20 Minuten backen.
Tipp: Besonders gut schmecken die Bratäpfel, wenn man sie mit Vanillesauce isst.

4 Äpfel
2 El gehackte Nüsse
2 El Rosinen
2 El Topfen
etwas Zimt, etwas abgeriebene Schale von einer Zitrone, etwas Honig

Hirsesuppe

Zwiebel rösten, die mit heißem Wasser gewaschene Hirse dazugeben und mitrösten. Mit der Gemüsebrühe aufgießen, Gewürze und Gemüse hinzufügen und ungefähr eine halbe Stunde kochen. Mit Essig abschmecken, mit Petersilie bestreuen und servieren.

1½ l Gemüsebrühe
4 El Hirse
1 Zwiebel
2 Karotten
etwas Knollensellerie
etwas Stangensellerie
1 Pastinake
etwas Essig, Fenchel, Muskat, Salz, Pfeffer, Petersilie

Erdäpfelaufstrich

Erdäpfel zerdrücken, alle Zutaten hinzufügen und abschmecken, mit Schnittlauch servieren.

4 gekochte Erdäpfel
4 El Rahm
1 Zwiebel
1 kleine Gewürzgurke
1 Tl Senf
1 Tl Paprikapulver
Salz, Schnittlauch

Borschtsch

500 g rote Rüben
3 El Sonnenblumenöl
1½ l Gemüsebrühe
2 Karotten
1 Stange Lauch
½ kleine Sellerie
2 Zwiebel
250 g Sauerkraut
250 g Erdäpfel
1 Lorbeerblatt
4 Nelken
1 Tl Pfeffer
1 Tl Kümmel
4 Paradeiser
1 Knoblauchzehe
gem. Pfeffer, Salz
3 El Obstessig
350 g Sauerrahm oder Joghurt

Die roten Rüben waschen, bürsten und mit der Schale in Würfel schneiden. Den Sellerie in Würfel, die Karotten in Scheiben und den Lauch in dünne Ringe schneiden. Alles in der Gemüsebrühe und dem Öl 20 Minuten köcheln lassen. Danach gewürfelte Zwiebel, geschnittenes Sauerkraut, geschälte, in Scheiben geschnittene, Erdäpfel und Gewürze hinzugeben und weitere 30 Minuten auf kleiner Stufe kochen.

In den letzten 10 Minuten die abgezogenen, in Würfel geschnittenen, Paradeiser mitkochen.

Mit der zerdrückten Knoblauchzehe, dem Kräutersalz, Pfeffer und Obstessig abschmecken.

Vor dem Anrichten den Sauerrahm unterrühren oder bei Tisch dazureichen.

Tipp: Wenn vom Borschtsch noch genügend für eine weitere Mahlzeit übrigbleibt, kann man ihn folgendermaßen weiterverarbeiten: Borschtsch pürieren, Crème fraîche hinzufügen und mit Zimt, Salz und Pfeffer würzen.

Apfelstrudel (gezogen, von der Mama)

Die Zutaten für den Teig vermengen. Konsistenz sollte weich sein. Den Teig schlagen, zudecken und eine Stunde rasten lassen.

Anschließend wird der Teig zuerst etwas ausgewalkt, dann mit dem Handrücken gezogen und auf einem Baumwolltuch ausgebreitet.

Für die Fülle die Semmelbrösel in Butter rösten.

Die Semmelbrösel auf den gezogenen Strudelteig streuen, die geschälten, geschnittenen Äpfel verteilen, Zucker und Zimt darüber streuen.

Eier und Schlagobers mit dem Mixer verrühren und über die restliche Fülle träufeln.

Nun den Strudel zusammenrollen: Zuerst die Ränder einschlagen, dann mit Hilfe des Baumwolltuches einrollen und aufs Backblech legen.

Den zweiten Strudel wie den ersten füllen. Dann das Blech mit den zwei Strudeln ins vorgeheizte Backrohr geben und bei 160 Grad ca. 45 Minuten backen.

Fülle (für 2 Strudel)
300 g Semmelbrösel
100 g Butter
4-5 Äpfel pro Strudel
Rosinen, Zucker, Zimt
2 Eier
2 El Schlagobers

Teig (für 2 Strudel)
300 g Mehl
2 El helles Öl
1 Pr Salz
1 Ei
lauwarmes Wasser

Spinatsuppe

Episode THREE aus der Naikan-Küche

Josef Hartl

Episode THREE

„Wenn der Schein trügt und der Hunger zunimmt im Biedermeier der Jetztzeit."

Es ist Jahre her, da sah ich von Pirandello ein Theaterstück mit dem Titel: „So ist es – wie es ihnen scheint." Ich weiß noch, dass es mich ungemein faszinierte. Es war eine Welt voller Lug und Trug und doch barg sie viele Wahrheiten in sich. Lug und Trug bestanden hier auch darin, dass das, was vermeintlich als Wahrheit erkannt wurde, als Realität weitererzählt worden ist und gerade diese Erzählungen gingen an der Wahrheit vorbei. Ja, ich war absolut fasziniert von jenem Stück und seinem Autor. Damals leitete ich noch kein Naikan. Ich wollte zu jener Zeit Schriftsteller werden, träumte davon, meine erkannten Wahrheiten mitzuteilen. Damals, mitten in diesem Stück, dachte ich, wie kann dieser Mann nur in immer tiefere Schichten des Daseins sehen und das so in ein Theaterstück verpacken, dass es dem Zuschauer klar wird?

Nun, heute frage ich mich, ist es ihnen (den Zuschauern) auch klar geworden und wenn ja, was taten sie mit diesem Wissen? Konnten sie etwas umsetzen in ihrem Alltag, umsetzen zum Wohle von sich selbst und ihrer Umgebung?

Ich zumindest habe meinen Traum, Schriftsteller zu werden, nicht so umgesetzt, wie ich ihn träumte.

Als Entschädigung oder sollte ich sagen als Belohnung erhielt ich die Gelegenheit, Naikan-Leiter zu werden. Yoshimoto Ishin Sensei, der Begründer der Naikan-Methode, war zwar vordergründig kein Schriftsteller, was er jedoch mit der Naikan-Methode geschaffen hat, geht weit über die Fähigkeit von Pirandello hinaus. Nehmen wir nämlich diese Methode in Anspruch, entdecken wir mit großem Erstaunen, wie wir unser eigenes Drehbuch schreiben. Ich sollte besser sagen, wie wir mitschreiben an unserem eigenen Lebensdrehbuch, das sich da so im Laufe der Jahre geschrieben hat. Und ähnlich wie in Pirandellos Stück gilt es auch hier, Lug und Trug, eigene Wahrheiten und die Realität zu entdecken.

Ja, und wie in „So ist es – wie es ihnen scheint" gibt es darüber hinaus zu entdecken, dass auch jene Realitäten durchscheinend – durchlässig – sind und hinter jeder Realität eine weitere wartet.

Episode THREE

Wie in der Zeit des Biedermeier ist unser Sein vollgestellt mit großen und kleinen Dingen. Voll mit Schnörkel und ach so edlen Moralvorstellungen von uns selbst. Ja, wir stellen unsere Moral vor uns hin, um uns selbst nicht zu sehen. Ebenso wie in der Zeit des Biedermeiers kehren wir gerne alles, was nicht in unsere Schnörkel- und Moralwelt Marke Eigenbau passt, unter dem Teppich. So ist es eben dann so, wie es uns/Ihnen scheint. Ist es so?

Nun, ich lernte in der Schule, dass Adalbert Stifter, der allseits bekannte Schriftsteller aus der Biedermeierzeit, am Zehrfieber starb. Nichts gegen sein Werk, sogar Fachleute glauben, es stehe dem eines Franz Kafka nicht nach. Wie erstaunt war ich jedoch, als ich durch den Film von Kurt Palm erfuhr, dass Stifter Selbstmord beging, indem er sich mit einer Rasierklinge die Kehle aufschnitt. Er soll sein Leben zwei Tage lang langsam und qualvoll auf einem Biedermeierdiwan ausgeröchelt haben. Noch mehr erstaunte mich, als das honorige Bild des Vereinsmeiers Stifter zerfiel, dieses erhabenen Oberösterreichers, dem sogar ein eigenes Museum als Nachruf dient. Ich erfuhr von einem entgleisten fresssüchtigen Menschen, der, nachdem ihm sein Arzt eine Kur verschrieb, hungerte, dass er Briefe an seine Frau schrieb, in denen er sie bat, ihm Würste und dergleichen zu bringen. Angeblich soll er während der Kur mehr gegessen haben als zu Hause. Und zu Hause bestand sein Mittagessen unter anderem aus fünf Forellen, Suppe, Taube, Spargel und am Abend einem „Entlein" und noch einigen Nachspeisen. Ein manisch depressiver Kontrollfreak soll er gewesen sein. Alles hat er penibel aufgeschrieben – all seine Tagebücher sind noch vorhanden und einsehbar. Das liest sich etwa so: „von 12^{27} - 13^{20} am Bild ‚Die Stille' gemalt, von 13^{20} bis 14^{30} Mittagessen, dieses und jenes gegessen" usw. Zum Schluss des Tages die Eintragung: „9 Stunden und 27 Minuten gemalt."

Bezeichnend auch, dass Stifter in seiner Jugend den Ausspruch tat: „Ich fühle mich wie ein Vulkan, der ausbrennt." Er fühlte sich nicht wie ein Vulkan, der explodiert, denn im Biedermeier gibt es kein Explodieren – und Stifter hatte wohl wirklich starke Charakterzüge des Biedermeiers. Auch hatte er panische Angst vor Leidenschaft, denn nachgewiesenerweise (siehe seine Tagebücher) hatte er große Angst vor der Leidenschaft seiner Stieftochter, die sich übrigens auch umbrachte. Ja, so musste der Vulkan eben ausbrennen anstatt zu explodieren, wie es sich in neuerer Zeit gehört. In sich ausbrennen. Übrigens all das stammt nicht von mir. Kurt Palm hat es

Episode THREE

für sein Filmdokument „Der Schnitt durch die Kehle – die Auferstehung des Adalbert Stifter" peinlichst genau recherchiert.

Ja, ja. Ich denke das verschnörkelte, hochmoralische Biedermeier samt Saubermann Stifter hätte gut in ein Stück von Pirandello gepasst und beide, Stifter und Pirandello, gut ins Naikan. Wobei Letzterem schwerer zu helfen gewesen wäre. Denn erfahrungsgemäß tun sich Theaterleute besonders schwer, sich ihrer Rollen zu entkleiden. BulimistInnen, sowie Fress- und Magersüchtige haben wir ja öfter beim Naikan, unsere Küche ist einfach und die drei Fragen, ebenso wie die einfachen Speisen wirken da oft Wunder. Das nenne ich den Ishin-Yoshimoto-Effekt, der darauf abzielt, in einfacher Weise seine Rollen zu durchschauen, um dabei wahr zu nehmen, dass hinter jeder Realität noch eine weitere zum Vorschein kommt. Durch diese Erkenntnis ist es manchem Menschen mit Essstörung gelungen, seine Störungsrolle aufzugeben. Nur wenn der Mensch etwas Neues zumindest erahnen kann, bringt er den Mut auf, Altes zu lassen und sei dies auch noch so grauenhaft – wie eben der Hunger- oder Kotzgeist eines an Essstörung erkrankten Menschen.

Was nun die Zeit des Biedermeiers und Pirandellos Schein, der so ist wie es uns scheint, angeht, so kann ich nur sagen, als Naikan-Leiter begegne ich beiden oftmals – sie sind aktueller denn je. Ja, denn auch für Übende im Naikan scheinen die Schnörkel weniger zu werden. Scheint es mir.

Winter

Josef Hartl

Josef Hartl – Kurzbiographie

Geboren 1961 als sechstes von acht Kindern im oberösterreichischen Mühlviertel. Masseur, Dipl. Shiatsu-Praktiker, Naikan-Leiter, buddhistischer Priester. Begründer von NAIKIDO, zusammen mit seiner Frau Leiter des NAIKAN HAUS ÖTSCHERLAND und NAIKIDO ZENTRUM WIEN. Leiter und Begründer der Naikido-Shiatsu-Schule und des buddhistischen Tempels Senkozansanghenembutsudo.

Tätigkeit als Koch beim Naikan und in einem buddhistischen Zentrum. Leitete Kochkurse zum Thema ausgewogene Ernährung. Vortragstätigkeit in Europa und Japan über Naikan, Shiatsu, Naikido-Praxis und Buddhismus.

Mitautor und Herausgeber der Bücher „Die Naikanmethode" und „Das Wesen von Naikan." Mitautor des Shiatsu-Buches „Kyo/Jitsu."

Seit 1988 mit Helga, selbst Naikan-Leiterin, verheiratet. Vater zweier Söhne (Georg und Alexander). Kocht gerne und experimentiert beim Kochen noch viel lieber – seine Liebe ist jedoch das Essen, besonders die scharfen und yangigen Speisen: Speisen, die die Sinne anregen und den Geist beflügeln. Sein Lieblingsgemüse ist der Kürbis, seine Lieblingsgewürze sind Muskat, Chilischote, Ingwer und der gewöhnliche Suppenwürfel. Nicht zu vergessen seine treue und hingebungsvolle Hinwendung zu Creme- und Schlagoberssuppen. Und manchmal überkommt ihn das unwiderstehliche Verlangen zu fasten – sogar vom Leben.

Seine Zukunftsvision: einem geistlosen Geist Heimat zu sein und ein Leben ohne Wenn und Aber zu verwirklichen.

---

vorige Seite:
Winter im NAIKAN HAUS ÖTSCHERLAND

Winter

Persönlicher Erfahrungsbericht „Naikan – Das Glück ohne Ende"

Wir schreiben den 6. Jänner 1986, es ist Abend und ich sitze in einem Einzelzimmer, in einer Ecke hinter einem Wandschirm auf meinem Naikan-Platz. Tränen laufen über meine Wangen, Tränen der Freude und des Friedens. Ein reinigendes Weinen hat eingesetzt, das, so scheint mir, nicht enden will. Es begann vor etwa einer halben Stunde beim letzten Gespräch mit dem Naikan-Leiter. „Was hast du geprüft?", wurde ich gefragt. Meine Antwort: „Das zweite Mal Naikan gegenüber meinem Vater von 6-10 Jahren." Meine Augen leuchten und Tränen beginnen unaufhaltsam aus ihnen zu fließen. Ich sehe dem Leiter in die Augen, ganz ruhig und friedlich, nun füllen sich seine Augen mit Tränen. Ich bemerke sein Schlucken und seine Ergriffenheit. Eine tiefe Ruhe und Stille hat sich über alles gelegt. Friede ist eingekehrt und während wir, der Leiter und ich, einander anschauen und jeder, leise für sich weinend, da sitzt, sage ich: „Heute ist der Heilige Dreikönigstag, kennst du die Bedeutung, so wie ich sie nun kenne?" Seine Antwort: „Was hast du zu den 3 Fragen zu sagen?" Ich hierauf: „Alles ist klar, sauber und immerwährend, es gibt nichts mehr mit Worten zu sagen!"

Es begann schon zu Mittag, dass immer wieder Wärmeschauer durch meinen Körper zogen. Und vor meinem geistigen Auge zogen minutiös alle Erinnerungen vorbei – Bild um Bild in Farbe und authentisch. Ich sah eine Situation am Tisch, ich roch das Essen und spürte den Geschmack der Suppe auf meiner Zunge. Ich hörte den Klang der brüchigen, rauen Stimme meiner Großmutter, die mir gegenüber saß und meiner Mutter, die soeben das Essen auf die Teller von uns Kindern verteilte. Es war, als ginge ich noch einmal durch mein Leben und dies mit einem älteren Körper und unbemerkt von den Menschen, die ich um mich wahrnahm. So muss es ein, wenn der Geist eines schon verstorbenen Menschen noch einmal sein Leben vom Anbeginn bis zum Tod durchwandert, dachte ich. Und ich sah, wie ich lachte und andere zum Lachen brachte. Ich sah, wie ich kränkte und anderen Menschen Kränkungen zufügte. Wie ich liebevoll gestreichelt wurde und ich spürte die zärtliche Hand meiner Großmutter nochmals durch meine Haare und über meine Wangen streichen.

Winter

Ich hörte, wie sie den Kosenamen meiner Kindheit dabei aussprach. Ich fühlte die Zärtlichkeit und Wärme in ihrer Stimme, die mir so oft Trost spendete – in einer Welt, die ich so oft als Bedrohung und fremd empfunden hatte.

Den ganzen Nachmittag lief Bild um Bild ab und bei den Gesprächen musste ich mich stark konzentrieren, um dem Leiter Antworten auf die Fragen zur jeweiligen Person geben zu können. Und die Bilder wurden immer dichter, klarer, aussagekräftiger. Ich sah, wie mein Verhalten, meine Gefühle und Handlungen sich aufgrund von Verletzungen und Liebesbeweisen durch meine Umgebung veränderten. Ich habe mein Wesen und meine Persönlichkeitsbildung und meinen Beitrag dazu gesehen. Eine tiefe Erschütterung und Betroffenheit stellte sich neben einer immer friedlicheren Stimmung ein. Ich wurde voll von Verständnis für die Menschen und meine eigene Person. Der Nachmittag, der hinter mir lag, war die pure Hölle und er barg Elend und Verzweiflung. Jedoch beinhaltete er auch die Glücksgefühle, die friedfertigen Stimmungen, den Geruch der Kerzen am Weihnachtsbaum meiner Kindheit und den ersten Kuss eines Mädchens. Nun saß ich da, alles in mir fühlte sich warm und weich an, sogar die Tränen der Freude, die mir unablässig über die Wangen liefen, waren warm und weich.

Lautlos, einen irre ruhigen Kern in mir wahrnehmend, der in eine schier wahnwitzige Sicherheit gebettet schien, sah ich dem Leiter ruhig vor mich hinweinend in die Augen. Dieser verbeugte sich tief vor meiner Person und sagte: „Dein Naikan ist nun zu Ende, bleib noch etwas am Platz sitzen, ich möchte etwas holen und dir geben."

Er verließ das Zimmer, kam fünf Minuten später wieder, um mir aus einem Buch ein Gedicht von dem Schriftsteller Ernst Schönwiese vorzulesen. Der Sinn dieser Verse: „Der einzige Stein, der uns auf unserem Lebensweg behindert, sind wir selbst!" „Ja, es ist alles klar", sagte ich und fühlte in mir, dass ich auch diesen Stein liebte.

Das war vor einer halben Stunde, meine Tränen fließen noch immer. Ich sehe mich im Zimmer um. Ein Zimmer, das ich schon ewig zu kennen glaube und gleichzeitig eines, das ich zum ersten Mal zu sehen scheine. Alles leuchtet und strahlt, eine Art von Lichtnebel hüllt den Raum ein, dabei fließt unablässig Wärme durch meinen Körper. Ich gebe Licht und Wärme ab, denke ich, während sich mein Körper zum Fenster bewegt, um es zu öffnen. Es ist heiß im Zimmer, aus meinen Fingern und Händen fließen die Wärme und Hitzeschauer in den Raum. Mir ist, als würde sich diese Wärme in Lichtwellen wandeln und eine Art Energietanz im Raum entstehen lassen. Das muss Liebe ohne Wenn und Aber sein, denke ich. Eine Liebe, der nicht die Grenzen von Leben und Tod gesetzt sind.

Wäre nicht diese Ruhe in mir, die sich da seit der Mittagszeit immer mehr meiner bemächtigt und immer mehr Raum in mir frei macht, so würde ich sicherlich eine panische Angst bekommen, bei dem, was meine Augen und mein Verstand wahrnehmen.

Ich bin seit drei Tagen in diesem Zimmer, habe es nur verlassen, um auf die Toilette zu gehen. Ja, ich habe es bis jetzt sogar vermieden aus dem Fenster zu sehen. Jetzt, da ich hinaussehe, erblicke ich schneebedeckte Bäume und eine Stromleitung, deren Draht dick in Schnee gehüllt ist. Und auch hier: von allen Gegenständen, Ästen, Baumstämmen, Strommasten und Drähten geht ein Strahlen aus. Ich gehe zurück durch den Raum. Dieses warme, alles durchziehende Gefühl der Freudigkeit gepaart mit dieser alles einhüllenden Sicherheit, von der ich mich umarmt weiß, ist ein Zustand, der so schön ist, dass es sich schon schmerzhaft anfühlt. Ich betaste Gegenstände, den Tisch, das Waschbecken, streiche mit meinen Fingern und Handflächen über ein selbst gezeichnetes Bild, das ich mitgebracht habe, um es hier an die Tür zu kleben. Obwohl ich mich federleicht fühle, scheint der Boden aus Watte zu sein und ich glaube darin bis zu den Knöcheln zu versinken.

Wie ist es möglich sich so in einem Augenblick zu befinden, jede Sekunde als ein in sich abgeschlossenes Ganzes wahrzunehmen und zugleich alles Erlebte meines fünfundzwanzigjährigen Lebens auf einmal präsent zu haben?

Raum und Zeit haben sich aufgehoben. Ich bin jede Sekunde für sich und die Ewigkeit gleichzeitig.

Winter

Der Entschluss, das Zimmer und Haus für einen Abendspaziergang zu verlassen, wird von mir augenblicklich in die Tat umgesetzt. Am Flur treffe ich die Co-Leiterin Helga. Auch sie strahlt. Ihr ganzer Körper scheint in helles Licht gehüllt und strahlt dieses auch ab. Manchmal, sekundenlang, verändert sich die Lichtqualität von hell ins dunklere Orange und bewegt sich wieder zurück ins weißlich Gleißende. Vor allem um ihr Gesicht und den Kopf ist es sehr hell. Ich lache sie an und sie lacht auch. Sie gemahnt mich leiser zu sein, da die anderen Teilnehmer noch im Naikan sind. Am liebsten würde ich sie umarmen, um ihr etwas von meinem Wärmegefühl und der Weichheit spüren lassen zu können. Doch scheint es auch so möglich dies zumindest ansatzweise in feiner Form übertragen zu können.

Der Spaziergang ist sehr schön. Es ist kalt, ich habe mich daran gewöhnt, dass alles leuchtet. Es ist besser, wenn ich den Leitern dieses Phänomen nicht erzähle, denke ich. Die halten mich sonst vielleicht für verrückt oder glauben, dass ich Drogen genommen habe. Auch könnten sie es mit der Angst zu tun bekommen, denke ich. Also werde ich es besser unterlassen, ihnen von meinen derartigen Wahrnehmungen zu berichten, entschließe ich mich.

Am Weg Richtung Wald, ich stapfe durch tiefen Schnee, komme ich an einem Kreuz vorbei. Es ist mit Tannenreisig geschmückt, davor steht eine kleine Marienstatue und eine rote Kerze, wie sie sonst auf den Gräbern zu finden ist. Jemand hat sie entzündet und ihr flackerndes Licht erhellt das Gesicht der Statue, um es wieder und wieder im Schatten verschwinden zu lassen. Die Marienstatue ist blau, rosa und golden bemalt, äußerst kitschig! Ich, der ich seit Jahren einen inneren Krieg mit der katholischen Kirche habe, bin völlig ergriffen von diesem Bild. Wie unter Zwang falte ich meine Hände und bete halblaut das Vaterunser vor der Marienstatue, die im Kerzenschein ein lebendes Gesicht zu haben scheint. Kurzzeitig hatte ich zu weinen aufgehört. Nun fließen sie wieder die Tränen, leicht, wie aus einer sprudelnden Quelle und ungemein befreiend. Ich muss an meine Mutter denken. Daran, dass ich sie für ihr zur Kirche gehen verspottet habe. Ich, der ich ihr soviel Schmerz und Leid zugefügt habe. Dort in ihrer Kirche, bei ihrem Gebet hat sie Trost gefunden. Den Trost, den sie so bitter nötig hatte, nach all dem Leid, das ich ihr zugefügt hatte. Den Trost, den ich ihr als ihr Sohn hätte geben können, für all das

Leid, das ihr durch andere widerfahren war. Und, wie ich im Naikan die letzten Tage erfahren habe, den Trost, den ich ihr schuldete. Stattdessen habe ich ihr in den letzten Jahren nur Schmerz und Kränkung verursacht. Ich schäme mich ungemein vor der Mutter, vor der Marienstatue und vor mir selbst. Ich gelobe vor mir selbst, ein neues, sauberes Leben zu führen. Ich gelobe vor mir selbst, meine Mutter und alle anderen Menschen zu achten und zu ehren. Es ist mir ein tiefes Bedürfnis hier vor diesem Kreuz, dem Symbol der Christen, meine Mutter und alle Menschen, die ich verletzt habe, um Verzeihung zu bitten. Ich tue es laut und ohne Scham, ob der etwas komisch anmutenden Situation. Meine Stimme verhallt in der kalten Winternacht und dem angrenzenden Wald. Ich gehe zurück ins Buddhistische Zentrum Scheibbs, in dem ich meine erste tiefe Naikan-Erfahrung machen konnte. Ich gehe mit sehr zittrigen Schritten in ein neues Leben. Fünfundzwanzig Jahre musste ich werden, um tatsächlich geboren zu werden. Es klingt paradox, doch nun war ich wirklich geboren in ein Leben, das mit dem Tod nicht enden würde. Eine Gewissheit hatte ich erfahren, die mich seitdem trägt und keine Angst der Welt wird mich Dinge tun lassen, die ich nicht will, dachte ich, zumindest damals. Jedoch die tragende Gewissheit und das empirische Wissen um eine Sicherheit in mir und um die Kraft, die alle Menschen unabhängig von Rang und Namen trägt, sind mir bis heute geblieben.

Es ist jetzt halbvier Uhr morgens am 8. April 2004. Vor achtzehn Jahren konnte ich meine erste Naikan-Erfahrung machen. Ich kam sprichwörtlich wie die Jungfrau zum Kind zum Naikan. Damals wollte ich eine Stelle als Koch im Buddhistischen Zentrum haben und die Bedingung dafür war, dass ich Naikan üben sollte. Nun, ich hätte alles gemacht, um diese Stelle als Koch zu erhalten. So machte ich eben Naikan, ohne im geringsten zu wissen, was mich da erwartete. Ich bekam erst in meinem Zimmer, der Wandschirm war bereits aufgestellt und mein Naikan-Platz hergerichtet, erklärt, was ich im Naikan zu tun hatte und wie ich mich verhalten sollte. Es scheint, dass ich überreif für Naikan war, so konnte ich auch ohne viel Umschweife meine Höllen und den Himmel erblicken. Heute nach achtzehn Jahren habe ich das erste Mal meine Erfahrung, zumindest Bruchstücke davon, niedergeschrieben. Mir kommt es vor, als wäre es gestern gewesen. Seitdem konnte ich noch viele Male

Naikan praktizieren. Etwa drei Monate tägliches Naikan in Verbindung mit ZaZen. Jeden Tag am Abend zumindest eine Stunde oder einmal vierzehn Tage durchgehend. Oder die Urform von Naikan, eine Woche mit Fasten, davon vier Tage ohne Essen, Trinken und Schlafen. Oder Sanghe-Naikan: vierzig Tage in Verbindung mit ZaZen, davon zwanzig Tage mit Fasten. Um nur einige Beispiele zu nennen, wie sich mein Naikan-Weg nach meiner ersten Naikan-Erfahrung weiterentwickelte. Was und wie ich alles durch Naikan erfahren habe, hat einfach in einem Erfahrungsbericht keinen Platz. Ich gebe diese Erfahrungen so gut es geht in meiner Funktion als Naikan-Leiter und im alltäglichen Leben als Mensch weiter. Doch sehe ich sehr genau, dass ich noch immer nicht sauber bin und weiter Naikan zu praktizieren habe. Welch ein Glück das doch ist! Und alles fühlt sich weich, warm und hell an, wenn ich in mich gehe.

Winter

Winterstimmung

Winter

Speiseplan einer Naikan-Woche im Winter

Freitag	Abend	Rote Rübensuppe Topfen-Kren Aufstrich
Samstag	Mittag	Indisches Gemüse mit Basmatireis, Zaziki Apfeloberspudding (Rezept Seite 206)
	Abend	Dinkelcremesuppe mit Sellerie und Parmesan
Sonntag	Mittag	Spinat mit Spiegelei und Salzerdäpfel Apfel-Nusstorte (Rezept Seite 207)
	Abend	Misosuppe mit Tofu, Nudeln und Nori-Ei-Einlage
Montag	Mittag	Spinatsuppe Grießschmarrn mit Apfelmus
	Abend	Klare Suppe mit Karotten und Tofuknödel
Dienstag	Mittag	Zwiebelsuppe mit Kardamon Spaghetti mit Rosmarin und Knoblauch und grüner Salat Becherkuchen (Rezept Seite 204)
	Abend	Karotten-Erdäpfelsuppe mit Chili und Ingwer
Mittwoch	Mittag	Knoblauchcremesuppe Kaspreßknödel mit Erdäpfelsalat Obstsalat
	Abend	Reisauflauf mit Apfel- und Birnenkompott
Donnerstag	Mittag	Nudelsuppe Rote Rüben mit Couscous und Fisolensalat
	Abend	Erdäpfelsuppe mit Steinpilzen
Freitag	Mittag	Grießsuppe, süß-sauer mit Ei Chili con Tofu und Chinakohl mit Äpfeln Rumkuchen mit Schlagobers (Rezept Seite 208)

Rote Rübensuppe

Zwiebel und Pfefferoni oder Chilischote klein schneiden und in Olivenöl anrösten und 5-10 Minuten zugedeckt dünsten. Rote Rüben kleinwürfelig schneiden und dazugeben. Alle Gewürze dazugeben und gut rösten. Dadurch entfalten die Gewürze ihr Aroma besser. ⅓ vom geriebenen Kren dazugeben und etwa 5-10 Minuten auf kleiner Flamme zugedeckt im eigenen Saft dünsten. Achtung: öfter umrühren damit nichts anbrennt und mit heißem Wasser aufgießen. Die Menge richtet sich nach der gewünschten Dicke der Suppe. Besser ist es, die Suppe dicker zu lassen. Etwa 45-60 Minuten köcheln. In die **nicht** mehr kochende Suppe ½ Becher Rahm einrühren und alles mit dem Pürierstab pürieren. Sodann den Rest des Krens dazugeben und ziehen lassen. Die Suppe abschmecken.

Beim Servieren einen Esslöffel Sauerrahm in die Suppe geben.

Tipp: Als Einlage bei einer dünnflüssigeren Rote Rübensuppe passen ausgezeichnet Grießnockerln.

600 g rote Rüben
1 Krenwurzel (5 cm lang, fein gerieben)
½ Bd Jungzwiebel oder 1 Zwiebel
½ Pfefferoni (scharf) oder ½ Chilischote
½ Tl Muskat
1 Tl gem. Kümmel
1 Suppenwürfel
gem. Pfeffer, schwarz
1 Bch Sauerrahm
Salz
2 El Olivenöl

Topfen-Kren Aufstrich

Topfen und Crème fraîche mit dem Mixer schaumig rühren, den Kren und die Gewürze untermischen.

Variation – ½ Becher Schlagobers steif schlagen und untermischen. Frischen Schnittlauch und Petersilie fein hacken und darüber streuen.

1 Pkg Topfen (20%)
1 Bch Crème fraîche
1 Krenwurzel (3 cm lang, fein gerieben)
Salz, Pfeffer

Indisches Gemüse mit Basmatireis

1 Zimtstange
½ El Madras Curry (scharf)
½ El Gelbwurz
1 Tl Salz
½ Tl Gewürznelken
2 Lorbeerblätter
2 Kardamonschoten im Mörser zerkleinert
1 Suppenwürfel
½ Tl Muskat
½ Chilischote
½ Karfiol
1 Broccoli
2 große Karotten
5 mittelgroße Erdäpfel
½ Bd Jungzwiebel oder 1 Zwiebel
Olivenöl

Zwiebel klein schneiden, Erdäpfel schälen und in nicht zu kleine Würfel schneiden, die Karotten halbieren und feinblättrig schneiden, Karfiol und Broccoli in gleich große Stücke zerkleinern.

Zwiebel und alle Gewürze in Olivenöl anrösten.

Dann die Erdäpfel und das restliche Gemüse dazugeben, bis zur Hälfte der Menge Wasser zugießen, Suppenwürfel dazugeben und kochen bis das Gemüse bissfest ist. Das Gemüse sollte nicht zu weich gekocht werden!

Zum Verfeinern kann man noch Sauerrahm oder Joghurt unterrühren.

Zaziki

2 Salatgurken
1 Tl Salz
½ Tl Pfeffer schwarz
2 Knoblauchzehen
½ Bch Sauerrahm
½ Bch Crème fraîche
Olivenöl
Rotweinessig

Salatgurken grob raspeln, gut ausdrücken und mit Salz und Pfeffer abschmecken. Zugedeckt etwas ziehen lassen. Sauerrahm und Crème fraîche unterrühren und mit Olivenöl und Rotweinessig abschmecken.

Vor dem Servieren mit Cayennepfeffer (scharf) oder Paprika bestreuen.

Dinkelcremesuppe mit Sellerie und Parmesan

Zwiebel klein schneiden, Sellerie würfelig schneiden. Zwiebel und Sellerie gemeinsam mit den Gewürzen anrösten. Dinkelschrot dazugeben und kurz mitrösten. Dabei legt sich die Masse etwas am Topfboden an. Mit dem Schlagobers und der Milch aufgießen. Alles mit dem Schneebesen gut verrühren, damit keine Klumpen entstehen. Wasser und Suppenwürfel dazugeben und aufkochen lassen. Dann 30-40 Minuten köcheln lassen.

Achtung: immer wieder umrühren, sonst legt sich die Suppe an. Es empfiehlt sich einen größeren Topf zu nehmen, da der Dinkel sehr eiweißreich ist und die Suppe leicht überkocht.

Vor dem Servieren mit Parmesan und der gehackten Petersilie bestreuen.

1 Zwiebel
2 Knoblauchzehen
½ Sellerieknolle
½ Bd Petersilie
1 Tl Salz
1 Suppenwürfel
100 g Parmesan
½ El Thymian
1 El Gelbwurz
2 Lorbeerblätter
½ Bch Schlagobers
¼ l Milch
2 l Wasser
200 g Dinkelschrot
(grob gemahlen)
Butterfett

Spinat mit Spiegelei und Salzerdäpfel

Zwiebel klein schneiden, Knoblauch pressen und beides in Butterfett dünsten. Die Gewürze und den aufgetauten Spinat dazugeben und mit Milch aufgießen. Aufkochen lassen und dann 20-30 Minuten köcheln. Bei Bedarf mit Maizena etwas eindicken.

Salzerdäpfel – Erdäpfel schälen und in Salzwasser weichkochen.

Spiegeleier – Öl in einer Pfanne erhitzen. Spiegeleier braten.

2 Pkg Cremespinat (tiefgekühlt, 450 g)
etwas Butterfett
1 Zwiebel
2 Knoblauchzehen
¼ l Milch
½ Tl Muskat
1 Suppenwürfel
Salz, Pfeffer
Maizena
12-14 mittelgroße Erdäpfel
(3-4 pro Person)
4 Eier
1 El Öl

Misosuppe mit Tofu, Nudeln und Nori-Ei-Einlage

2 l Wasser
60 g weißes Reismiso
½ Pkg Japanisches Fischgewürz für Suppen oder 1 Suppenwürfel
2 Kombu Algen, (8-15 cm lang)
1 Karotte
½ Lauch oder ½ Bd Jungzwiebel
1 Umeboshipflaume (wenn möglich)
Salz
200 g Ramen

Nori-Ei-Einlage:
2 Norialgen
2 Eier
½ El Madrascurry
½ Tl Salz
1 Tofu-Würfel (weiß)
etwas Butter

Kombu Algen in ca. 1 l Wasser eine Stunde einweichen. Lauch und Jungzwiebel in feine Ringe schneiden, Karotte in Streifen schneiden. ⅓ des Lauchs und die Jungzwiebel für die Garnierung aufheben. Den Rest des Lauchs und die Karotte in das Wasser geben. Umeboshipflaume, Suppenwürfel und etwas Salz dazugeben und noch 1 l Wasser zugießen. Alles ca. 45 Minuten köcheln lassen. Das Fischgewürz dazugeben und ziehen lassen. Miso in etwas Wasser zu einem Brei anrühren und in die **nicht** mehr kochende Suppe einrühren. Abschmecken und ziehen lassen. Die Kombualgen in Streifen schneiden und wieder in die Suppe geben.

Ramen (japanische Suppennudeln) als Einlage in Salzwasser weich kochen.

Nori-Ei-Einlage – Eier mit Curry und Salz abschlagen. Davon werden wie folgt ein Omelett hergestellt. Butter in einer Pfanne zergehen lassen, die Eimasse hineingießen und stocken lassen und ein Noriblatt darüber legen. Dann das Omelett auf ein vorbereitetes Schneidbrett so stürzen, dass das Noriblatt unten liegt und einrollen. Etwa 3-5 cm lange Stücke schneiden.

Tofu in kleine Würfel schneiden.

In die Suppenschalen die Ramen und den Tofu verteilen. Die Nori-Ei-Einlage dazugeben, Mit der Suppe aufgießen und den restlichen Lauch und die Jungzwiebeln darüberstreuen.

Spinatsuppe

Knoblauch und Zwiebel klein schneiden und in Butter etwas dünsten. Spinat und Gewürze zugeben und 20 Minuten köcheln lassen. Mit etwas Wasser aufgießen, Crème fraîche dazugeben. Weitere 15 Minuten ziehen lassen und mit Muskat abschmecken.

1 Pkg Cremespinat (tiefgekühlt, 450 g)
1 Zwiebel
1 Knoblauch
1 Chilischote oder etwas Cayennepfeffer
1 Suppenwürfel
Muskat
½ Bch Crème fraîche
Butter

Grießschmarrn mit Apfelmus

Grieß in gefettete Auflaufform geben. Milch darüber gießen, eine Prise Salz und Rosinen hinein geben. Mit dem Schneebesen gut verrühren, damit der Grieß keine Klümpchen bildet. Anschließend die Form ins Backrohr geben und bei 50 Grad etwa 1-2 Stunden quellen lassen. Danach 1-2 Stunden bei 160-170 Grad im Rohr lassen. Alle 40 Minuten den „Grießsterz" umwenden und nach und nach klein „verkochen" lassen. Jedes Mal kleine Butterstückchen darauf geben, sodass der Schmarrn saftig bleibt. Zum Schluss ist der Grießschmarrn feinkörnig und rieselt beim Wenden.
Beim Servieren mit Staubzucker bestreuen.

Apfelmus – Äpfel schälen und vierteln, in einen Topf mit Wasser geben, Zucker, Zimtstange und Gewürznelken dazugeben. Alles weich kochen, Zimtstangen entfernen und pürieren. Fast jede Apfelsorte eignet sich für Mus. Auch angeschlagene oder weniger schöne Äpfel können verwendet werden.

80 g Butter
700 g Weizengrieß (grob)
1 – 1½ l Milch
100 g Rosinen
1 Pr Salz
Staubzucker

Apfelmus
10 Äpfel
100 g Zucker
1 Zimtstange
½ El Gewürznelken

Klare Suppe mit Karotten und Tofuknödel

½ Sellerieknolle
½ Stangensellerie
2 große Karotten
1 Zwiebel
1 Suppenwürfel
1 Tl schwarzer Pfeffer
1 Tl Salz
½ Tl Anis

Tofuknödel
500 g Räuchertofu
½ Bd Petersilie
2 Eier
200 g Semmelwürfel
½ Tl Muskat
½ Tl Salz
½ Tl Pfeffer
1 Zwiebel
Olivenöl
½ - 1 l Milch
2 El Mehl

Sellerieknolle und Karotten in eher große Streifen schneiden, Zwiebel klein schneiden und in einem Topf mit 2 l Wasser geben. Gewürze dazugeben und kochen bis das Gemüse bissfest ist. Dann die feingeschnittene Stangensellerie dazugeben und die Suppe noch 10-15 Minuten nachziehen lassen.

Tofuknödel – den Räuchertofu in kleine Würfel schneiden und mit den Semmelwürfeln, den Eiern und den Gewürzen vermischen. Mit Muskat würzen und die gehackte Petersilie dazugeben. Die feingeschnittene Zwiebel in Olivenöl goldbraun rösten und dann unter die Knödelmasse mischen. Mit soviel Milch vermischen, dass die Masse gut formbar, jedoch nicht zu weich ist. Danach etwa 30 Minuten ziehen lassen und dann das Mehl untermischen.

Salzwasser in einem großen Topf aufkochen. Ein Knödel formen und es probeweise 20 Minuten köcheln lassen, den Topf dabei nicht zudecken. Wenn die Knödelmasse gut hält, die restlichen Knödel formen und ebenfalls 20-25 Minuten köcheln (nicht stark wallend kochen). Danach mit kaltem Wasser abschrecken – ca. 1 l – und bei zugedecktem Topf noch 10 Minuten ziehen lassen, Herdplatte dabei ausschalten. Dadurch gehen die Knödel gut auf.

Falls die Masse zerfällt (siehe Probeknödel), zum Binden noch Mehl und Brösel dazugeben, oder noch einige Semmelwürfel und weniger Mehl.

Die Knödel in der Suppe servieren (je 2 Stück pro Person), mit Petersilie garnieren.

Zwiebelsuppe mit Kardamon

Kardamon im Mörser zerstoßen und die Kapseln (Schale) herausnehmen. Die kleinen Kardamonsamen leicht zerreiben. Zwiebel in Ringe schneiden und gemeinsam mit den Gewürzen in viel Olivenöl andünsten bis der Zwiebel gelbglasig ist. Dann mit Essig ablöschen und mit Wasser aufgießen. Ca. 1 Stunde köcheln lassen.

Vor dem Servieren mit Semmelwürfeln und etwas Parmesan bestreuen.

4 Zwiebel
2-3 Kardamonkapseln
1 Suppenwürfel
1 Tl Salz
1-2 El Rot- oder Weißweinessig
2 Lorbeerblätter
½ Tl Muskat
1 Chilischote
Olivenöl
2 l Wasser
Parmesan
Semmelwürfel

Spaghetti mit Rosmarin und Knoblauch und grüner Salat

Spaghetti in Wasser mit Salz und viel Rosmarin al dente kochen und abseihen.

Knoblauch pressen und in viel Olivenöl leicht anrösten und Rosmarin dazugeben.

Spaghetti mit dem Knoblauch-Öl vermischen, und mit viel Parmesan bestreuen.

Marinade für grünen Salat — Olivenöl, Rot- oder Weißweinessig, Salz, Pfeffer und etwas wilden Thymian mit etwas Wasser mischen und über den Salat geben.

500 g Spaghetti
Salz
1 El Rosmarin
8 Knoblauchzehen
Parmesan

1 Häuptel grüner Salat
Olivenöl
Rot- oder Weißweinessig
Salz, Pfeffer, wilder Thymian

Karotten-Erdäpfelsuppe mit Chili und Ingwer

1 Zwiebel
5 große Karotten
7 mittelgroße Erdäpfel
½ El gem. Kümmel
1 daumengroße frische Ingwerwurzel
½ Chilischote
1 Bch Crème fraîche
1 Suppenwürfel
½ El Thymian
½ Bch Schlagobers
½ Tl Muskat
Salz
2 l Wasser

Erdäpfel schälen und in Würfel schneiden, Karotten klein schneiden. Karotten, Erdäpfel und Gewürze in einen Topf mit Wasser geben und ca. 30 Minuten kochen. Die Suppe pürieren, Crème fraîche dazugeben und abschmecken.

Vor dem Servieren einen Löffel geschlagenes Schlagobers auf die Suppe geben.

Knoblauchrahmsuppe

8 Knoblauchzehen
50 g Butter
1 gehäufter El Mehl
¼ l Milch
1 Bch Schlagobers
50 g Crème fraîche
½ Tl Pfeffer (grob)
½ Tl Muskat
1 Tl Salz
1 Suppenwürfel
1½ l Wasser

Gepressten Knoblauch in Butter anschwitzen, Mehl dazugeben und mit Milch ablöschen. Schlagobers, Crème fraîche, Gewürze, Salz und Suppenwürfel dazugeben und mit Wasser aufgießen. Aufkochen und anschließend 30 Minuten ziehen lassen. Immer wieder umrühren.

Kaspreßknödel mit Erdäpfelsalat

Zwiebel hacken und in Butter anrösten. Alle Zutaten dazugeben, gut vermischen und ca. 20 Minuten ziehen lassen. Die Masse zu Laibchen formen und in heißer Butter auf mittlerer Hitze langsam ausbacken.

Erdäpfelsalat – Erdäpfel kochen, schälen und in Scheiben schneiden. Zwiebel und Gurkerl in kleine Würfel schneiden. Marinade aus den Zutaten herstellen und über die Erdäpfel geben. Den Salat gut durchmischen.

150 g Semmelwürfel
2 Eier
150 g Käse, gerieben (Bergkäse, Gouda)
2 Zwiebel
½ Bd Petersilie
½ Tl Pfeffer
½ El Majoran
40 g Butter
½ Tl Muskat
2 gehäufte El Mehl
1 Tl Salz
¼ l Milch
Erdäpfelsalat
10 mittelgroße Erdäpfel
1 mittelgroße Zwiebel
Marinade
2 Essiggurkerl, mittelgroß
½ Bd Petersilie
etwas Essig von den Gurkerl
1 El Pfefferoniessig
1 El Majonäse
2 Tl Senf
½ Tl Pfeffer (grob)
Salz, zusätzlich Essig und Öl nach Geschmack

Reisauflauf mit Apfel- und Birnenkompott

2 Ta Reis
4 Ta Wasser
etwas Salz
4 Äpfel
Honig, Zimt
150 g ganze Haselnüsse

2 Eier
1 El Honig
etwas Staubzucker
Kompott
3 Äpfel
3 Birnen
Zitronensaft nach Bedarf
½ l Wasser
100 g Kristallzucker
1 Zimtrinde
5 Gewürznelken

Reis kochen, Äpfel und Birnen schälen und blättrig schneiden, mit Honig und Zimt (nach Geschmack) vermischen. Dotter mit Honig schaumig rühren, mit Reis, Nüssen und Äpfeln vermischen. In eine gefettete Auflaufform füllen und im vorgeheizten Backrohr bei ca. 160 Grad ca. 45-60 Minuten backen. Aus Eiklar und Staubzucker einen festen Schnee schlagen und 10 Minuten vor Ende des Backens auf den Auflauf streichen und leicht bräunen lassen.

Kompott – Die Äpfel und Birnen schälen und in Spalten schneiden und mit Zitronensaft beträufeln. Zucker, Zimtrinde und Gewürznelken im Wasser einige Minuten kochen lassen. Topf vom Herd nehmen und die Apfelspalten dazugeben und wenige Minuten ziehen lassen. Die Früchte sollen noch „Biss" haben.

Nudelsuppe

1 Zwiebel
1 Karotte
Pfefferkörner (schwarz),
Salz
1 Suppenwürfel
1 l Wasser
Schnittlauch
160 g Fadennudeln

Zwiebel vierteln, Karotte ganz lassen, in kaltes Wasser geben und ca. 30 Minuten kochen.

Nudeln in Salzwasser kochen, abseihen und in Suppenschalen portionieren. Vor dem Servieren mit Schnittlauch garnieren.

Rote Rüben mit Couscous und Fisolensalat

Gehackten Zwiebel in reichlich Olivenöl andünsten, Gewürze dazugeben und weiter dünsten. Die würfelig geschnittenen roten Rüben dazugeben und ca. 15 Minuten dünsten. Anschließend mit ca ⅓ l Wasser aufgießen und solange köcheln lassen bis die roten Rüben weich sind. Dann Crème fraîche unterrühren und mit 1 El Rahm servieren.

Couscous nach Packungshinweis zubereiten.

Fisolensalat – Balsamicoessig, Salz, Pfeffer, Thymian mit etwas Wasser vermengen und – je nach Geschmack – Olivenöl dazugeben und mit den Fisolen vermischen.

800 g Rote Rüben
2 Zwiebel
2 Lorbeerblätter
2 Tl gem. Kreuzkümmel
viel Olivenöl
1 Chilischote oder
½ Tl Cayennepfeffer
½ Tl Gelbwurz
1 Suppenwürfel
1 Tl Salz
Ingwer, zwei Daumen dick, 3 cm lang
½ Bch Crème fraîche
½ Bch Sauerrahm
Fisolensalat
1 Dose Fisolen (800 g)
Balsamicoessig, Salz, Pfeffer, Thymian

Erdäpfelsuppe mit Steinpilzen

Zwiebel in Butter andünsten, Gewürze dazugeben und mitrösten. Pilze dazugeben und weiterrösten. Erdäpfel und Suppenwürfel dazugeben und mit Wasser aufgießen. Solange kochen bis die Erdäpfel weich sind. Anschließend die Suppe pürieren und mit Salz und Muskat abschmecken.

6 mittelgroße Erdäpfel
1 Tl gem. Kümmel
2 Tl Majoran
1 Tl Salz
1 Suppenwürfel
2 Lorbeerblätter
3 Wacholderbeeren
½ Tl gem. Pfeffer
1 Zwiebel
2 Hand voll getrocknete Stein- oder Herrenpilze
2 l Wasser
Salz, Muskat

Grießsuppe, süß-sauer mit Ei

1 Zwiebel
1 Karotte
1 Suppenwürfel
gem. Pfeffer
2 Tl Salz
1 Lorbeerblatt
1 Tl Thymian
50 g Weizengrieß (grob)
1 Ei
1 l Wasser
2 El Öl

Zwiebel klein schneiden und in Öl anrösten, Karotten, Gewürze und Grieß dazugeben und weiterrösten. Mit kaltem Wasser aufgießen und mit einem Schneebesen durchrühren. Anschließend die Suppe aufkochen, ca. 20 Minuten ziehen lassen und öfter umrühren. Etwas Essig dazugeben, das Ei in die fertige Suppe einrühren und abschmecken.

Chili con Tofu und Chinakohl mit Äpfeln

500 g Azukibohnen
½ Bd Jungzwiebel
1 Zwiebel
1 Paprika
1 Knoblauchzehe
1 Chilischote oder Cayennepfeffer
1 große Karotte
1 Tl Salz
½ Tl gem. Pfeffer
1 Suppenwürfel
¼ Tl gem. Kümmel
1 Tl Paprika
½ l Wasser
Salat
1 Chinakohl mittel
2 Äpfel
2 Knoblauchzehen
Rotweinessig, Salz, Olivenöl, Pfeffer
½ Tl Muskat
1 El Oregano

Azukibohnen über Nacht in Wasser einweichen. Zwiebel klein schneiden und in Butter anrösten. Paprika, Knoblauch, Chili, Karotten, Gewürze und Suppenwürfel dazugeben und weiterrösten. Anschließend den Paprika dazugeben und mit Wasser aufgießen. Die Bohnen zugeben und ca. 40 Minuten leicht köcheln lassen. Nach ca. 30 Minuten den würfelig geschnittenen Tofu dazugeben.

Chinakohl mit Äpfeln – Äpfel schälen und kleinblättrig schneiden und mit geschnittenem Chinakohl vermischen. Knoblauch hineinpressen und Gewürze dazugeben. Eventuell Wasser zugießen und gut durchmischen.

Mittelalterliche Küche

Josef Hartl

Mittelalterliche Küche

Kochen wie im Mittelalter oder Das Essen der echten Ritter und Bauersleute

In halbrestaurierten Burgruinen oder in schönen Schlössern mit tollen Speisesälen werden zuweilen heute Ritteressen veranstaltet. Dabei werden ganze Schweine gegrillt, bzw. Schweinsstelzen, Ripperl und dergleichen serviert. So stellt man sich heute das Leben der Ritter und Edelleute vor. In Wirklichkeit war die mittelalterliche Kost ein Essen für Zahnlose. Die Menschen waren schon mit 50 Jahren Greise. Tod im Kindbett, Pest und faule Zähne, die Blutvergiftung verursachten, die wiederum häufig den Tod bedeutete, senkten die Lebenserwartung der Menschen erheblich. Die Kost war meist breiig oder musig. „Mus" stammt von Gemüse, das man sich nur als Mus gegessen vorstellen konnte.

Der Wissenschafter und leidenschaftliche Koch und Forscher Helmut Birkhan, Professor für Germanistik an der Universität Wien, sammelte Rezepte aus mittelalterlichen Kochbüchern und kochte vieles auch nach. Dafür braucht man Geduld und Experimentierfreude. Nachstehend finden Sie auch ein Originalmenü aus dem Mittelalter, das Professor Birkhan zusammen mit Studenten erforscht und nachgekocht hat. Sollten Sie den Versuch wagen, es nachzukochen, brauchen Sie viel Zeit und Risikobereitschaft. Sie müssen zuerst die Ingredienzien und Zutaten besorgen. Außerdem die Zeit zum Kochen mit Unbekanntem aufbringen. Doch ist es sicher auch einmal spaßig, eine mittelalterliche Kochpartie mit Freunden zu veranstalten. Das nachstehende Menü stammt aus dem 14.-15. Jahrhundert und kommt aus der Küche reicher Leute.

Gewürze, ein Statussymbol

Kochte man mit vielen Gewürzen, galt man als reich. Gewürze waren zu dieser Zeit kostspielig, jedes Pfefferkorn kam aus Indien auf beschwerlichste Art zu uns. Schon damals galt: je exotischer die Gewürze, desto besser – nicht nur bei den reichen Leuten. Ingwer, der ihm verwandte Zitwer und die Galgantwurzel, ein pfefferähnliches Gewürz, waren hochbegehrt. Die Verfälschung von Safran wurde beispielsweise im Mittelalter mit dem Tode

---

vorige Seite:
Gewürzpalette

bestraft. Daran erkennt man, welchen Stellenwert Gewürze im Mittelalter hatten.

Kocht man Rezepte nach, so darf man beim Würzen nicht zaghaft sein. Ingwer, Galgant, Rosenwein usw., sonst bekommt man kein Originalessen. Nachzulesen ist, dass der Minnesänger Steinmar einst sagte: „Mach, dass unser Mund wie eine Apotheke riecht!"

Für das Testmenü (siehe nachstehend) wurde der Rotwein mit Honig und Rosenblüten versetzt und der Weißwein mit dem Kraut der Weinraute gewürzt. Edler Wein musste süß sein. Mit Wein kochen war im deutschsprachigen Raum ungewöhnlich. Tat man es dennoch, handelte es sich um eine Art Ethno-Küche, etwa beim „Huhn auf byzantinische Art." Vielmehr wurde häufig Milch und Bier, Mandeln und Weißbrot im Mittelalter unserer Breiten verwendet.

Alltägliches Essen von Armen und Bauern im Mittelalter

Wenig abwechslungsreich war die Kost der Bauern, Handwerker und armen Leute. Man aß Giselitze, einen sauren Mehlbrei und ein Gemisch aus Kraut und Rüben, das heute nur noch als Redewendung gebräuchlich ist. Es wurde eingesäuert und Cumpost genannt, aus dem Wort leitet sich sowohl „Kompott" als auch „Kompost" ab, erfährt man von Prof. Birkhan. Es gab die Tendenz, nichts verkommen zu lassen. Selbst Fischschuppen wurden verarbeitet. Eine Art Sulz, Clamirre genannt, wurde aus Tierklauen zubereitet. Nun, diese Sulz, oder das Rezept dafür, lassen wir wohl besser im Mittelalter.

Mittelalterliche Küche

Köche und Rezeptangaben aus dem Mittelalter

Die Textauslegung und Mengenangaben bei Rezepten aus dem Mittelalter sind eine echte Herausforderung. Dazu muss man wissen, dass alles für Insider geschrieben wurde. Die Köche wurden von einem Kloster ins andere überstellt und nahmen ihre Rezepte mit. Das erklärt auch, warum die Küche zu jener Zeit im deutschsprachigen Raum sehr ähnlich war.

Zur Mengenangabe

Es steht beispielsweise im Originalrezept eines Klosterkochbuches: „Nimm Kümmel und Pfeffer, dreimal soviel Kümmel wie Pfeffer", das lässt viel Raum für Interpretation und den Koch im Regen stehen.

Zur Kochzeit

Originalton aus einem Klosterkochbuch zur Anweisung an einen Koch: „Lasse den Topf so lange am Feuer bis Du den Acker abgeschritten hast!" Oder „Koche die Eier 3 Vaterunser lang." Ja, die Kochzeit der Eier scheint klar, doch bleibt zu hoffen, dass die Klosteräcker im deutschsprachigen Raum alle gleich groß waren. Im Übrigen bitte ich Sie, wenn Sie das nachstehende Menü kochen, für ein gutes Gelingen zu beten. Ja, und haben Sie Mut zum Würzen und für Neues in der Küche. Falls Sie die Saubohnen aus dem heidnischen Böhmen versauen, so trösten Sie sich mit einem modernen Ritteressen aus dem 21. Jahrhundert.

Mittelalterliche Küche

Ein Menü aus dem Mittelalter zum Nachkochen

Die gedruckten Texte geben den Wortlaut der Rezepte aus dem 14. und 15. Jahrhundert wieder. Die Mengenangaben gehen auf grobe Einschätzungen nach dem Testkochen zurück und gelten für 4 Personen.

Knoblauchmus

Nimm drei oder vier Häuptel Knoblauch, zerdrücke sie und verrühre sie mit gemahlenen Mandeln oder Nüssen. Dann nimm eine Pfanne mit Schmalz, rühr das Knoblauch-Nuss-Gemenge in das heiße Schmalz. Rühr alles gut durcheinander. Lass es aber nicht zu heiß werden.

Zum Knoblauch benötigt man ca. 150 g geriebene Nüsse oder Mandeln. Das Mus eignet sich gut als Vorspeise zu Fladenbrot.

Halbierte Eier

Siede die Eier hart, schäl sie und schneide sie auseinander. Nimm den Dotter heraus, verhack ihn mit Petersilie, würz und salz das Gemenge, treib es mit einem rohen Ei ab und fülle es wieder in das Weiß. Back' die halbierten Eier dann in Schmalz und gib eine Pfefferkorn- oder Ingwersauce darüber.

Ein Ei pro Person ist bei dieser Cholesterinbombe ausreichend. Wie die Saucen zubereitet wurden, ist nicht überliefert.

Huhn auf byzantinische Art

Zerhacke gebratenes Hühnerfleisch und gekochtes Schweinernes und mische es untereinander. Füge dann Rosenblüten, ferner Ingwer, Pfeffer, Honig dazu und siede das zusammen in Wein und Essig. Trage es auf und versalze es nicht.

Man nehme eine Hühnerbrust und ca. 200 g Schnitzelfleisch. Zum Braten wird grundsätzlich nur Schmalz verwendet. Zum Würzen mindestens 1 EL Pfeffer im Mörser zerstoßen, reichlich Ingwer reiben und 2-3 EL Honig beifügen. Rosenblüten lassen sich durch Rosenwasser ersetzen.

Mittelalterliche Küche

Gericht von grünen Pferdebohnen

Siede die grünen Bohnen, bis sie weich werden. Nimm dann Weißbrot und ein wenig Pfeffer, dreimal soviel Kümmel wie Pfeffer, etwas Essig und Bier. Rühr das mit Safran zusammen, lass es kochen und schöpf den Schaum immer wieder ab. Schütte dann die zerschlagenen, grünen Bohnen dazu, salze mit Maßen, lass einmal noch alles aufkochen und trage es auf.

Grüne Pferdebohnen oder „Saubohnen" sind oft bei orientalischen Händlern erhältlich, sie müssen vor dem Kochen geputzt werden. Wir empfehlen ca. ½ kg Bohnen, 1-2 Semmeln, zum Kochen eine Flasche dunkles Bier. Zum Würzen ca. 1 EL Pfeffer und 3 EL Kümmel gemeinsam im Mörser zerstoßen.

Heidnische Erbsen

Um böhmische Erben zu machen, nimm gemahlene Mandeln oder gekochte und pürierte Kichererbsen und verrühre sie mit einem Drittel Honig. Misch die besten Gewürze, die du hast, darunter. Man serviert dieses Gericht kalt oder warm.

Das Gericht erinnert an Marzipan. ½ kg Kichererbsen werden schon am Vorabend in Wasser eingeweicht, dann im Dampfdrucktopf weich gekocht. Als Gewürz empfiehlt sich reichlich frisch geriebener Ingwer und Zimt. Beim Honig scheint ein Drittel der Menge aus heutiger zu viel, ca. 4-5 EL reichen.

Kochen und Heilen mit Ingwer

Josef Hartl

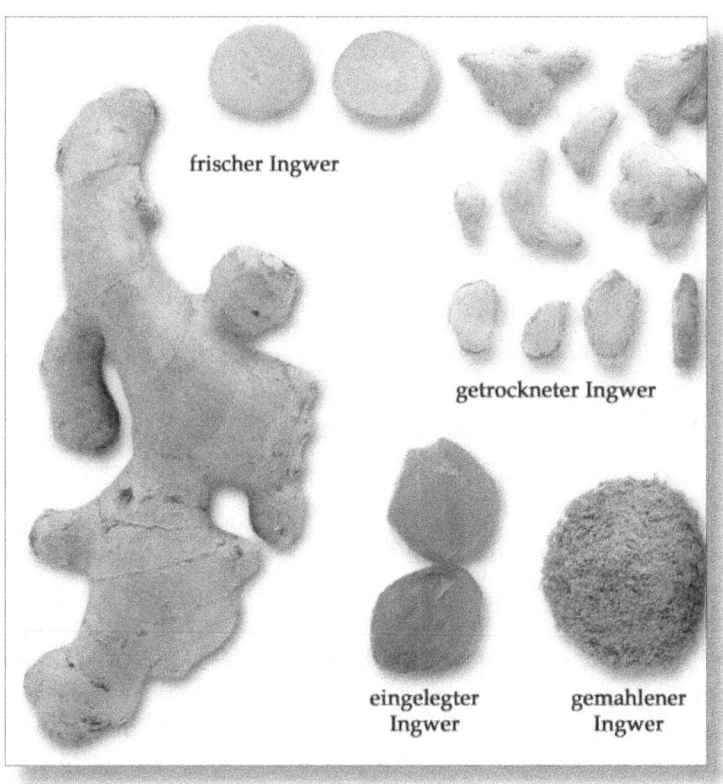

Geschichte, Verbreitung, Anwendung und Wirkungsweisen von Ingwer

„Srngavera", so lautet der Name von Ingwer in Sanskrit, der Sprache der Veden. Die Veden sind eine Sammlung liturgischer Gesänge, Hymnen und Zaubersprüche, die vor rund 3.500 Jahren in Indien entstanden sind. „Srngavera" bedeutet „geweihförmig." Damit ist die getrocknete Ingwerknolle gemeint. Das heutige Indisch bezeichnet den Ingwer als „ada" oder „adrak", die getrocknete Pflanze wird als „sunthi" bezeichnet. Das älteste bekannte Wort für Ingwer ist „inchiver", es entstammt der dravidischen Sprache, einer Form des Malayischen.

Die Reise des Ingwers von Java in die weite Welt

Ursprünglich stammt der Ingwer nicht aus Indien. Botaniker glauben, dass der Ingwer aus Indonesien (Java) stammt. Die Indonesier überquerten den Indischen Ozean schon lange vor den Arabern und Europäern. Sie hatten Ingwer gegen die Seekrankheit sowie gegen Skorbut (eine Vitaminmangelkrankheit) mit an Bord.

Ingwer in China

Archäologen, die zu Beginn der 70er Jahre des letzten Jahrhunderts das Grab eines chinesischen Fürsten öffneten, das auf 200 Jahre vor Christus datiert war, fanden als Grabbeigabe unter anderem Ingwer. Der sagenumwobene „Gelbe Kaiser" Huang Ti soll vor 4.700 Jahren bereits ein Buch zur Heilung verfasst haben, in dem er ganz besonders auf die heilenden Kräfte der Ingwer-, Ginseng- und Kalmuswurzeln eingegangen sein soll.

Ingwer bei den Assyrern

Der assyrische König Assurbanipal (668 bis 631 v. Chr.) hat eine Art frühzeitliches Universallexikon herstellen lassen. Es wurden 30.000 Tontafeln mit den wichtigsten Lebensthemen beschriftet. Unter anderem wissenschaftliche Themen und Heilpflanzen, die zu dieser Zeit bekannt waren. Fast 300 Heilpflanzen und Kräuter wurden auf diesen Tontafeln beschrieben – darunter auch Ingwer. „Kurkuma sa sadi", so nannte man die Pflanze damals – „Kurkuma aus den Bergen." Kurkuma? Der Name ist uns heute noch als wirksame Heilpflanze und als Küchengewürz bekannt. Kurkuma (Gelbwurz) ist mit dem Ingwer verwandt, er stammt aus der selben Familie. Das wusste man 2.600 Jahre vor Christus zu Assurbanipals Zeiten im heutigen Irak auch schon. Aber Kurkuma aus den Bergen? Nun, die Assyrer kannten Ingwer nur in pulverisierter Form. Die Pflanze selbst gedieh nicht im Land zwischen Euphrat und Tigris. Jedoch wusste man woher der getrocknete Ingwer kam. Aus den Bergen im Osten, aus Indien, dem Land mit dem man schon lange Handel trieb, vor allem Gewürzhandel.

Ingwer bei den Griechen

Über die Ägypter und die Assyrer kam der Ingwer in das alte Griechenland. Jedoch hatte schon Alexander der Große den Ingwer als Wurzelknolle während seiner Feldzüge, die bis Indien führten, ebendort kennen gelernt.

In einer systematischen Darstellung der Pflanzen fasste der Philosoph und Naturforscher Theophrastus (371 bis 287 v. Chr.) Ingwer, Kardamon, Gelbwurz und Kalmus wegen ihrer wärmenden Wirkung zu einer Familie zusammen.

200 Jahre später stellte der Leibarzt des Königs Mithridates, Crateuas, ein Rezept aus allen damals bekannten Gewürzen zusammen, in dem selbstverständlich Ingwer vorhanden war. Das Medikament wurde nach dem damaligen König „Mithridatum" genannt und enthielt 36 Wirkstoffe einschließlich Ingwer, es sollte gegen sämtliche Arten von Vergiftungen wirken. Mithridatum gilt als Vorläufer des bis in die Neuzeit verwendeten sogenannten Allheilmittels „Theriak."

Pythagoras schätzte die verdauungsfördernde Wirkung von Ingwer. Galen, einer der Väter der modernen Medizin, schwärmt vom „verträglichen, dafür aber sehr anhaltendem" Feuer, das der Ingwer im Gegensatz zu Pfeffer bewirkt.

Dioskurides, der in Griechenland sowie in Rom tätig war (und dort Neros Leibarzt wurde), schrieb die „Materia medica", eine Enzyklopädie mit dem gesammelten medizinischen, pharmazeutischen und botanischen Wissen seiner Zeit. Ebenso wie sein Kollege Theophrastus hob er die wärmenden Qualitäten des Ingwer hervor.

Ingwer bei den Römern

Dass man bei den Römern Ingwer natürlich auch kannte, geht aus alten Aufzeichnungen hervor. Es wird auch von einem Koch namens Marcus Gavius Apicius berichtet, der Ingwer in getrockneter Form eifrig in Anwendung hatte. Mehr noch soll sich dieser Koch für die riesengroßen Krebse interessiert haben, die es angeblich an der Küste von Somalia gab. Das war ihm sogar eine Reise dorthin wert. Er soll sehr enttäuscht gewesen sein, als er feststellen musste, dass die Krebse dort nicht größer als woanders waren. Frustriert trat er die Heimreise an, ohne Somalia betreten zu haben. So entging ihm, dass er dort den Ingwer in grüner, also frischer Form kennen gelernt hätte.

Für einen anderen Römer stellte der Ingwer jedoch scheinbar ein Ärgernis dar: Plinius der Ältere schimpfte, dass ein so einfach anzubauendes Gewürz so teuer war. Zudem sei Ingwer trotz seiner Schärfe nur relativ kurz haltbar. Auch Plinius reiste bis Somalia. Während seines Besuches in der dortigen römischen Handelsniederlassung bemerkte er – im Gegensatz zu Apicius – das Gewürz und klärte nach seiner Rückkehr die Römer über den weitverbreiteten Irrtum auf, dass Ingwer die Wurzel des Pfefferbaumes sei.

Ingwer bei den Moslems und in Ägypten

Der Prophet Mohammed, gelernter Gewürzhändler und Apotheker, kannte die Heilkraft der Ingwerwurzel und zählte sie zu den Verheißungen des Paradieses, wo Ingwerwasser aus einer Quelle sprudelte.

Die islamische Medizin empfiehlt Ingwer bei Erbrechen, Blähungen, Fieber und Husten.

In der „Arznei des Propheten", einer Schrift, die im 15. Jahrhundert in Kairo entstand (der Verfasser heißt Al Sayuti), steht: „Ingwer ist heiß, trocken im dritten Grad und trocken im zweiten. Er zügelt übermäßige Feuchtigkeit. Er ist ein Helfer der Verdauung, stärkt die geschlechtliche Gemeinschaft und behebt Winde. Er erreicht die Verflüssigung zähen Schleims. Ein Konfekt aus Ingwer besänftigt den Magen. Er ist hilfreich im Alter."

Ingwer im Mittelalter und der Hildegard-Medizin

Im frühen Mittelalter gab es einen regen Gewürzhandel zwischen Europa und der arabischen Welt. Gewürze waren so wertvoll, dass sie auch als Zahlungsmittel Anwendung fanden. So besteuerte etwa der Erzbischof von Aix-en-Provence das Recht der jüdischen Gemeinde auf Schulen und Friedhöfe mit Pfeffer und Ingwer. Ingwer war nach dem Pfeffer das begehrteste Gewürz.

Nach Eroberung des weströmischen Teiles von Europa durch die Barbaren war es einige Zeit still um den Ingwer.

Vom Ingwer in West- und Nordeuropa ist erst wieder im Jahre 973 die Rede. Der arabische Arzt Ibn Jacub verweilte in Mainz und war erstaunt, dass er hier Gewürze antraf, die er aus dem Morgenland kannte – unter anderem Pfeffer, Gewürznelken und Ingwer.

Die Äbtissin Hildegard von Bingen lebte von 1098 bis 1179 und gehörte den Benediktinerinnen an. Sie war eine große Mystikerin und begann ihre, wie sie sagte, von Gott eingegebenen medizinischen und prophetischen Botschaften ihrem Sekretär zu diktieren. Als sie Anfang 40 war, entstanden 2.000 Heilmittel-, Therapie- und Kräuteranwendungsvorschläge aufgrund ihres „göttlichen Diktates." Hildegard von Bingen betrieb entgegen der vielerorts verbreiteten Meinung nie Kräuterkunde oder Forschungen und dergleichen. Ähnlich wie in der chinesischen Medizin spricht sie vom Gleichgewicht der Säfte im Körper, das im Heilungsprozess wieder hergestellt werden muss. Ingwer findet Anwendung bei Augenkrankheiten, Magenkoliken, Appetitlosigkeit. Sie warnt jedoch vor hemmungslosem Gebrauch, da die Knolle lasziv und vergesslich mache und die Triebhaftigkeit steigere.

Als Heilmittel sowie Gewürz für viele Speisen war der Ingwer sehr populär in Europa. Ingwer wurde gegen Pest, Erkältungen, Verdauungsprobleme und Zahnschmerzen verabreicht. Auch gegen Vergiftungen soll Ingwer wirken, wie man dem Werk des Stadtarztes von Frankfurt, Lonicerus (1538 bis 1586), entnehmen kann. Er schrieb in seinem „Kreuterbuch" (1564): „Imber ist gantz gut dem bösen Magen, ist gut wieder Wehemut deß Magens und Gedärms, so von Winden kommen und nacht wohl dauen. (...) Wem die Zähne wehe thun, der nemme Imberzehen und schneid sie klein, siede die in Wein und wasche die Zähn nüchtern und warm damit. Imber in die Kost vermischt ist fast gut für schwinden. Ein halb Loth Imber im Essig genützt, deß Abends wann du wilt schlaffen gehen, auf einen Trunk eingenommen, benimmt die böse Feuchtigkeit durch den Schweiß also, dass man sich nach Mitternacht wol zudecke, und also schwitze. Imber ist allen Menschen gut, so innerlich erkaltet seyn, fürnemlich der grün und eingemachte Imber."

Ingwer in England, Jamaika und Amerika

Der Ingwer kam mit den Seefahrern nach Amerika (Florida) und Jamaika, wo er viel und sehr erfolgreich angebaut und verarbeitet wurde. Speziell in Jamaika entwickelte der Ingwer ein noch reicheres Aroma als in südasiatischen Heimatländern. Für die spanischen Kolonialisten wurde der Export des karibischen Ingwers zum großen Geschäft.

In England erfreut sich, auf Europa bezogen, der Ingwer noch heute am meisten seiner Beliebtheit. Bei uns erlebt er in den letzten Jahren eine Renaissance. Den Briten blieb der Ingwer als wichtige Zutat bei Kuchen, Süßigkeiten und Limonaden erhalten. Ingwerbrot oder Ingwer-Orangen-Marmelade sowie kandierter Ingwer zum Tee findet man überall auf der Insel. In vielen Pubs war es bis vor einiger Zeit noch üblich, dass ein Krug mit Ingwer am Tresen stand. Die Gäste konnten sich daraus bedienen und ihr Bier damit würzen. Auf dem Festland fristet der Ingwer jedoch vielerorts ein Schattendasein im Lebkuchen. In England wohnt die Märchenhexe aus „Jack and Jill" (Hänsel und Gretel) nicht im Pfefferkuchenhaus, sondern in einer Hütte aus Ingwerbrot. Und mit Ingwerduft lockt sie das Geschwisterpaar auch in ihr Hexenhaus. Die böse Frau spekulierte bewusst, dass der vertraute Geruch bei den Kindern ein Gefühl von Geborgenheit und Vertrauen hervorrufen würde.

Ingwer, anerkanntes Heilmittel

Der Ingwer ist fast auf der ganzen Welt als wirksames Naturheilmittel anerkannt. In Deutschland hat die Kommission E des ehemaligen Bundesgesundheitsamtes im Jahr 1988 eine so genannte Positiv-Monografie herausgegeben. Diese Monografie verleiht einer Heilpflanze die wissenschaftliche Anerkennung als medizinisch sinnvolles Therapeutikum. Speziell Ärzte achten beim Ausstellen von Rezepten darauf, dass für pflanzliche Heilmittel eine Monografie vorhanden ist. In dieser amtlichen Beschreibung wird genau festgelegt, gegen welche Krankheiten bzw. Beschwerden die Pflanze eingesetzt werden kann und wie viel Drogenextrakt als therapeutisch sinnvoll angesehen wird. Der Monografie liegen immer zahlreiche wissenschaftliche Fachstudien zu Grunde, auf die man sich bei der Entscheidung stützt. Das bedeutet, dass die medizinische Wirksamkeit einer Heilpflanze eindeutig belegt sein muss, um eine Monografie zu erhalten.

In der wissenschaftlichen Fachliteratur werden dem Ingwer insgesamt 22 pharmakologische Eigenschaften attestiert. Sie werden in erster Linie auf die in der Wurzelknolle enthaltenen Scharfstoffe zurückgeführt. Die pharmakologischen Wirkungen des Ingwers sind im Einzelnen:

- antiemetisch (vor Erbrechen schützend)
- antithrombotisch
- antihepatoxisch (die Leber schützend)
- antibakteriell
- antihelmintisch (gegen Würmer)
- antimutagen (das Erbgut schützend)
- antikanzerogen
- antioxidativ
- antiphlogistisch (entzündungswidrig)
- antitussiv (gegen Husten)
- analgetisch (schmerzlindernd)
- kardiotonisch (herzstärkend)
- fungizid (gegen Pilze)
- immunstimulierend
- karminativ (gegen Blähungen)
- diuretisch (entwässernd)
- durchblutungsfördernd
- stimulierend
- Steigerung der Speichel- und Magensaftsekretion
- Steigerung von Tonus (Spannung) und Peristaltik des Darms
- Steigerung der Gallensaftsekretion
- Senkung des Cholesterinspiegels

Ingwer

Der Vorteil pflanzlicher Arzneimittel liegt in erster Linie in ihrem geringen Nebenwirkungspotential. Zwar gibt es auch Heilpflanzen, die durchaus ein gesundheitliches Risiko für den Anwender in sich bergen können, im Allgemeinen ist die Gefahr von (ernsthaften) Nebenwirkungen bei der Einnahme von chemischen Medikamenten höher. Ingwer gehört zu den risikofreien Pflanzendrogen, wie zahlreiche wissenschaftliche Tests bestätigt haben. So hat man an Krebszellen von Menschen und Mäusen Antitumor-Effekte nachgewiesen, als man die karzinogene (Krebs auslösende) Wirkung von Ingwer untersuchte. Ingwer hat daher eher eine schützende Funktion. Lediglich isolierte Inhaltsstoffe, darunter Gingerole und Gingerdione, zeigten in sehr hohen Dosen bei Ratten zellschädigende Eigenschaften. Im Zusammenspiel aller Inhaltstoffe überwiegt jedoch der gesundheitsfördernde und heilende Effekt.

Rein theoretisch gibt es keinen Stoff, gegen den ein Mensch nicht allergisch sein kann. Es kann daher in seltenen Fällen vorkommen, dass sehr hautempfindliche Menschen auf eine Massage mit Ingweröl mit Reizungen reagieren, wenn es nicht mit pflanzlichen Ölen vermischt worden ist (empfohlenes Mischverhältnis 1:10). Die Scharfstoffe Gingerol und Shogaol sind dafür verantwortlich, da sie die Durchblutung fördern. Wer Gallensteine hat, sollte vor einer intensiven Einnahme von Ingwer-Präparaten einen Arzt befragen, denn der Gallenfluss wird durch Ingwer angeregt. Ebenfalls den Rat eines Arztes sollten Patienten einholen, die Medikamente gegen die Verklumpung von Blutblättchen einnehmen; Mittel, die in der Medizin verhindern sollen, dass Patienten sich übergeben (wie Dimenhydinat), wirken auf das zentrale Nervensystem und haben zum Teil sehr heftige Nebenwirkungen (diese können von Magen-Darm-Störungen und Mundtrockenheit bis zu Bewegungs- und Sehstörungen reichen). Ingwer hat keine dieser unerwünschten Begleiterscheinungen. Unangenehme Wechselwirkungen mit Arzneimitteln, die man beispielsweise zur Linderung von Flugangst einnimmt, sind bei Ingwer nicht zu erwarten, da er direkt auf den Verdauungstrakt und nicht auf das zentrale Nervensystem wirkt. Auch von einer Beeinträchtigung der Fahrtüchtigkeit ist nichts bekannt. Die Empfehlung, dass Schwangere, Stillende und Kinder unter sechs Jahren Ingwerpräparate nur nach ärztlicher Rücksprache einnehmen sollten, ist rein vorsorglicher Natur. In Asien ist Ingwer ein tägliches Nahrungs- und Würzmittel, das dort auch von Schwangeren und kleinen Kindern gegessen wird.

Ingwertee selbst gemacht

Ingwertee I

Den Ingwer schälen und in die Tasse reiben, den Saft der halben Zitrone dazugeben, mit heißem Wasser übergießen und mit Honig süßen.	1 Tl frischer Ingwer Saft einer ½ Zitrone 1 Tasse heißes Wasser Honig nach Belieben

Ingwer-Orangentee

Ingwer fein reiben, Orangen/Mandarinen klein schneiden und zerdrücken. Wasser aufkochen, vom Herd nehmen und Ingwer, die Orangen/Mandarinen dazugeben und 10-15 Minuten ziehen lassen. Man kann diesen Sud auch mit dem Pürierstab noch zerkleinern. Abseihen und mit Honig, je nach Geschmack, süßen. Der Tee ist gut für die Lungen und die Verdauung. Er erzeugt Hitze im Körper und löst Stagnationen.	6-8 l Wasser 3-4 cm lange Ingwerwurzel, daumendick 2-4 Orangen oder 4-7 Mandarinen Honig

Ingwertee II

Den geschälten und geraspelten Ingwer in das kalte Wasser geben, aufkochen und ca. 5 Minuten köcheln lassen. Die Milch dazugeben und nach Bedarf süßen. Das Ganze noch einmal aufkochen lassen.	1 El frischer Ingwer ½ l Wasser ⅛ l Milch Honig nach Belieben

Ingwertee III/ Yogitee

Alle Zutaten zusammen aufkochen und solange köcheln lassen, bis die Hälfte der Flüssigkeit verdampft ist. Dann die Milch dazugeben und etwas Honig einrühren	1 El frischer Ingwer ½ Zimtstange 4 Gewürznelken 2 Kardamonschoten 4 Ta Wasser

Rheuma – Ingwer gegen Schmerzen

Das viel benutzte Wort „Rheuma" ist ein Sammelbegriff für krankhafte Gewebsveränderungen. Dahinter verbergen sich eine ganze Reihe von Symptomen und Einzelerkrankungen. Rheuma kann die Gelenke, die Muskeln und Sehnen, ja sogar die Haut und diverse andere Organe befallen. Bei allen Krankheitsformen ist der Bewegungsapparat, besser gesagt sein Stütz- und Bindegewebe betroffen. Die häufigste Rheumaform ist der chronische Gelenkrheumatismus (Arthritis). Entzündung, Schwellung und Schmerz sind die häufigsten Symptome. Hinzu kommen Bewegungseinschränkungen und manchmal auch der komplette Ausfall der Funktion der betroffenen Körperregion.

Medizinische Therapien zielen darauf ab, die Schmerzen zu lindern, Entzündungen in Schach zu halten und einer Verschlechterung so entgegenzutreten. Oft aber kommt es bei Patienten, die Medikamente einnehmen, zu Magenproblemen. Die meisten Rheuma-Medikamente wirken negativ auf die Neubildung der Magenschleimhaut ein und fördern gleichzeitig die Produktion von Salzsäure. Pflanzliche Mittel aus Teufelskrallenwurzel und Weihrauchextrakt spielen daher zunehmend eine Rolle in der Therapie, weil sie keine dieser Nebenwirkungen haben.

Auch den Ingwer hat man in Bezug auf eine mögliche antirheumatische Wirkung untersucht: Die Scharfstoffe mischen sich in das Entzündungsgeschehen ein und können so die Krankheit lindern. In einer dänischen Anwendungsstudie zeigte sich bei einem Patienten eine Besserung, nachdem er 30 Tage lang 50 Gramm frischen Ingwer zu sich genommen hat. Weitere Studienteilnehmer nahmen täglich fünf Gramm frischen Ingwer (knapp ein Gramm Ingwerpulver). Nach drei Monaten regelmäßiger Einnahme kam es bei allen Patienten zu einem Rückgang der Schmerzen und zu besserer Beweglichkeit. Die Schwellungen hatten sich zurückgebildet und ebenso die unangenehme morgendliche Steifheit der Gelenke. Zudem hatte sich das Allgemeinbefinden aller Patienten gebessert.

Zwei weitere Studien, ebenfalls aus Dänemark, warteten mit ähnlich hoffnungsvollen Ergebnissen auf. Während der Fertigstellung dieses Buches lief in Berlin eine Untersuchung an 100 Probanden mit leichtem bis mittelschwerem Rheuma und hoch dosiertem Ingwer. Das Resultat dieser wissenschaftlichen Tests wird vermutlich nicht sein, dass Ingwer die synthetischen Präparate wird ersetzen können. Wohl dürfte er aber eine gute Ergänzung sein, so dass die Dosis der konventionellen Medikamente reduziert werden kann. Man darf in diesem Zusammenhang auch die Schutzfunktion des Ingwers für die Magenschleimhaut nicht vergessen.

Die hauptsächlichen Auslöser von „Erkrankungen des rheumatischen Formenkreises", wie es in der medizinischen Fachsprache heißt, sind auf somatischem (körperlichem) Gebiet genetische Dispositionen (Vererbung), bakterielle Infektionen, Stress, chemische (durch Fremdstoffe/Gifte) und physikalische (Verletzungen, Haltungs-/Bewegungsfehler) Einwirkungen. Es lassen sich aber auch psychische Dispositionen für die Erkrankung finden: In der Psychosomatik ist der Typus des Polyarthritiskranken bekannt. Die meisten Rheumapatienten waren vor ihrer Erkrankung sehr aktiv und beweglich. Das Persönlichkeitsprofil dieser Menschen ist gekennzeichnet durch Perfektionismus, übertriebene Gewissenhaftigkeit, ein übersteigertes Moralempfinden und einen großen Helferwillen. Doch hinter dieser vordergründigen Hilfs- und Opferbereitschaft verbergen sich geistige Unbeweglichkeit und Egoismus. Die Folgen: Nicht gelebte Aggressionen zeigen sich körperlich in Verhärtungen der Muskulatur, unverarbeitete Probleme lagern sich in Form von Toxinen im Bindegewebe ab.

Auch im Volksmund gibt es in Bezug auf die „Haltung" eines Menschen einige Redewendungen: Man spricht von „aufrechten" Leuten und von solchen, die „buckeln und kriechen." Rückenprobleme sind mittlerweile ein allgemeines Symptom unserer Leistungsgesellschaft. Aus rein organischer Sicht spricht man gerne von Haltungsfehlern, dennoch lohnt sich die kritische Auseinandersetzung mit dem eigenen Verhalten, schon um der eigenen Gesundheit willen.

Kampf gegen freie Radikale

Ingwer soll auch die so genannten freie Radikale unschädlich machen. Als Radikalfänger galten bislang vor allem Vitamine (Vitamin C und E und Beta-Carotin). Die Membran unserer Zellen enthält Fette, die wie Butter regelrecht ranzig werden können, wenn die freien Radikale zu mächtig werden. Die Liste der Krankheiten, die man einer Übermacht dieser Aggressoren zuschreibt, ist lang. Sie reicht von Alzheimer bis Krebs. Einige Wissenschafter vertreten die Ansicht, dass man Ingwer in die Liste der Radikalfänger aufnehmen sollte. Allerdings fehlen noch konkrete wissenschaftliche Daten zu diesem Thema.

Äußere Anwendung von Ingwer

Wofür Ingwerkompressen geeignet sind
- um die Durchblutung zu fördern
- um den Energiefluss bei stagnierender Energie zu verbessern
- um Steifheit im Körper zu lösen
- bei der Nachbehandlung eines Bandscheibenvorfalles
- bei Kreuzschmerzen oder Rückenschmerzen
- bei starken Verspannungen im Nacken und Schultergürtel
- bei Menschen mit Lumbago – Hexenschuss
- bei „verrissenem" Kreuz
- bei Rheuma, Arthritis, Polyarthritis
- um Hitze von außen in den Körper hineinzubringen, wenn Menschen sich energieleer fühlen, ihnen kalt ist, sie leicht frösteln

Je nach Beschwerdelage werden die Kompressen verschieden lang und unterschiedlich häufig angewendet. In der Regel werden Kompressen etwa 10 Tage zu 30 Minuten täglich angewendet. Anschließend macht man eine Pause von 3-7 Tagen. Danach kann man die Anwendung fortsetzen – je nach Bedarf, Einschätzung der Wirkung (hier bitte das eigene Empfinden und den Hausverstand in den Vordergrund rücken). Falls Sie sich nicht sicher sind, kontaktieren Sie unsere Naikido-Shiatsu-PraktikerInnen bzw. Naikido-PraktikerInnen, diese haben Kenntnis über die gesamte Anwendungsdauer etc. Auch viele Shiatsu-PraktikerInnen kennen sich mit der Anwendung von Ingwerkompressen aus.

Die Anwendung der Kompressen erfolgt, wie alles hier in diesem Buch Vorgeschlagene, auf eigene Gefahr. Wir wollen hier „nur" Tipps geben, die eine medizinische Behandlung vielleicht nicht notwendig machen, aber bei Bedarf auch nicht ersetzen!

Wie werden Ingwerkompressen hergestellt?

Nehmen Sie eine frische Ingwerwurzel und reiben Sie diese auf einer Küchenreibe (Raspel), so als würden Sie Salatgurken für Zaziki raspeln, d.h. mittelgrob bis fein. Dadurch entsteht ein „Ingwerbrei", der auch Saft lässt. Sie sollten soviel Ingwer reiben, dass sie etwa vier (mittelgroße) Hände voll davon haben. Nun nehmen Sie zwei Geschirrtücher oder Leinenwindel und geben jeweils die Hälfte des Ingwers hinein. Dann die Enden zusammen schlagen und mit einer Schnur bzw. Spagat zubinden. Sie haben nun zwei Säckchen mit Ingwer.

Erhitzen Sie einen Topf mit Wasser. Wenn das Wasser kocht, den Herd auf eine niedrigere Stufe schalten und das Wasser nur mehr ziehen lassen. Dann hängen Sie beide Ingwersäckchen – die Kompressen – ins Wasser und lassen sie etwa fünf Minuten ziehen.

Ingwer

Direkter Umgang bei der Kompressenanwendung

Ihr Klient, „Patient", die Großmutter, der Partner oder die Freundin mit Kreuzschmerzen sollte sich entspannt hinlegen, die Arme neben dem Körper liegend. Der untere Rücken bis zum Gesäß sollte freigemacht werden. Sie legen nun ein dickeres Handtuch oder Badetuch auf den Kreuzbereich (Bereich Kreuzbein bis zum mittleren Rücken). Nehmen Sie nun eine der Kompressen aus dem Wasser – der Ingwer ist nach etwa fünf Minuten gut erhitzt – und drücken die Kompresse etwas aus, so dass sie noch gut feucht ist, jedoch nicht mehr tropft. Das Ausdrücken erfolgt über dem Topf, in dem sich die zweite Kompresse befindet. Dann legen Sie die Kompresse auf das vorbereitete Handtuch und schlagen einen Teil des Handtuchs darüber, damit die Kompresse länger warm bleibt. Bleiben Sie bitte neben Ihrem/Ihrer Klient/in sitzen. Wenn es ihm/ihr zu heiß wird (er/sie soll „heiß" sagen), heben Sie das ganze Handtuch von der Stelle, auf der die Kompresse liegt, hoch und bewegen die Kompresse ein Stück weiter. So verschieben Sie die Kompresse nach und nach links und rechts neben der Wirbelsäule vom Kreuzbein beginnend bis hinauf zum mittleren Rücken. Sie können die Kompresse auch direkt (natürlich mit Handtuch dazwischen) auf die Wirbelsäule legen. Sie können auch den gesamten Rücken behandeln, das dauert in etwa eine Stunde.

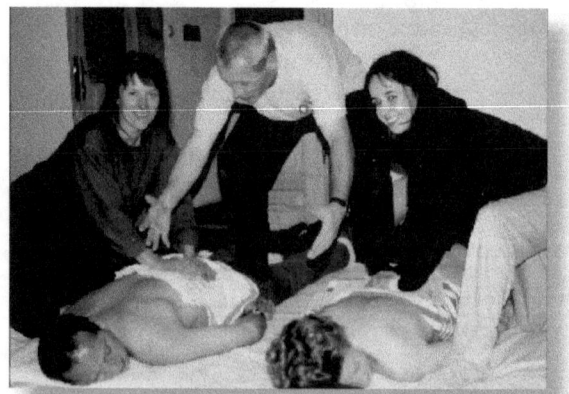

Wenn die Kompresse abkühlt, wechseln Sie sie einfach aus. Beim Wechseln achten Sie bitte darauf, dass Sie Ihren/Ihre Klienten/in mit einem trockenem Badetuch zudecken, um zu verhindern, dass er/sie mit feuchter unbedeckter Haut, die dann abkühlt, daliegt.

Die Haut darf ruhig krebsrot und heiß werden. Achten Sie jedoch zu Anfang bei der heißen frischen Kompresse vom Herd darauf, dass Sie Ihren/Ihre Klienten/in nicht verbrennen. Zum Schluss dieser als äußerst wohltuend empfundenen „Behandlung", reiben Sie mit der noch warmen Kompresse die Haut Ihres/Ihrer Klienten/in einige Minuten ein, so dass sie so richtig gut gereizt und feucht ist. Anschließend mit einem Handtuch trocken reiben und warm anziehen oder gleich ins Bett gehen. Ruhe ist sehr zu empfehlen. Sie können in der kalten Jahreszeit auch einen Ingwertee trinken und das oft ein bis zwei Stunden anhaltende Wärmegefühl am Rücken und im Körper genießen. Im Übrigen können Sie diese Anwendung auch im Sitzen am Hals-Nacken-Schulterbereich bei Verspannungen in dieser Region durchführen. Bei Partnern ist eine gegenseitige Behandlung zu empfehlen – eben Geben und Nehmen sollten sich die Waage halten. Ich wünsche Ihnen viel Erfolg und Genuss bei der Anwendung.

Die Kompressen können zwei Tage verwendet werden. Das Ingwer-Wasser wieder verwenden. Außerdem kann das Ingwer-Wasser in ein Wannenbad geschüttet werden – aber Achtung bei empfindlichen Schleimhäuten.

Das Herstellen von Ingwerpaste und die direkte Anwendung bei Schnupfen, der steckt oder einem Husten, der nicht frei wird

Wenn Sie verstopfte Nasennebenhöhlen haben, einen Schnupfen, der sich bis zur Stirn zieht und steckt, oder wenn Sie Schleim in den Lungen haben, der sich nicht gut löst – dann empfiehlt sich eine Ingwermaske.

Sie sollten aber kein Fieber haben, denn die Ingwerpaste erzeugt zusätzlich Hitze.

Nehmen Sie 20 Esslöffel Buchweizen- oder Weizenmehl und vermischen Sie es mit 2-4 Esslöffel feingeriebenem Ingwer. Die Menge ist immer 10:2 bis 10:4 – es kommt auf Ihre Hautreaktion an. Sie müssen daher etwas experimentieren. Wenn das Mehl mit dem Ingwer vermischt ist, fügen Sie etwas Wasser zu und verarbeiten das Ganze zu einem zähflüssigen Teig. Diesen Teig tragen Sie sich wie eine Maske auf Nase, Wangen, Stirn auf – je nach Gebrauch. Lassen Sie alles 20-30 Minuten einwirken. Der Ingwer sollte auf der Haut etwas zu „beißen" beginnen.

Diese Anwendung empfiehlt sich bei hartnäckiger Verschleimung zwei-

Ingwer

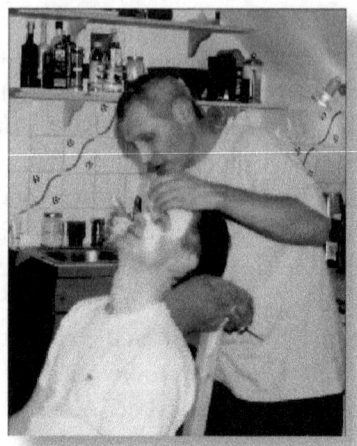

mal täglich 5-10 Tage lang. Solange bis sich der Schleim in der Nase löst.

Auch bei verschleimter Lunge können Sie die Ingwerpaste anwenden. Dazu wird der Ingwerteig auf die Brust (Lungengebiet) aufgetragen. Bei einer behaarten Brust ist es gut diese vorher zu rasieren. Es zieht und reißt, wenn der Teig in den Haaren eintrocknet und man ihn dann entfernt und abwäscht. Im Übrigen kann dieses Teigaufschmieren im Brustbereich bei Partnern eine gewisse erotische Komponente haben. Ich würde aber mit dem Sex warten, da so teigbeschmierte Brüste eine ziemliche Schweinerei im Bett verursachen können.

Das Kochen mit Ingwer

In der asiatischen Küche (besonders in Thailand) gehört der Ingwer zum allgemeinen Gebrauch. Wie Sie gelesen haben, war Ingwer im Mittelalter in Europa äußerst beliebt und man fand Ingwer nicht nur als Arznei im alten Rom und Griechenland. Aber auch ohne die heilende und gesundheitsförderliche Wirkung gehört Ingwer, meiner Ansicht nach, in jede Küche. Wie Sie aus einigen Rezepten entnehmen können, gehört Ingwer auch bei uns in der Naikan-Haus-Küche zum fixen Gewürz-Bestand. Vor allem in den kalten Jahreszeiten Herbst und Winter verwenden wir ihn gerne und häufig zum Kochen und als Tee. Während der Naikido-Shiatsu-Ausbildung lernen alle meine Schüler den Umgang mit Ingwerkompressen, Tee und Ingwerbrei(-teig).

Menüvorschlag: Fenchel-Karottengemüse mit Ingwer, Basmatireis und Hiziki-Alge mit Knoblauch, Sesam und Haselnüssen in Sojasauce.

Fenchel-Karottengemüse mit Ingwer

½ - 1 Fenchel
4 mittelgroße Karotten
2 mittelgroße Zwiebel
Butter
Sesam, Pfeffer, Ingwer

Zwiebel in Butter anrösten, mit Wasser (ca. 0,2 l) aufgießen und dünsten. Das Dünsten vermeidet Blähungen. Fenchel und Karotten in kleine Stücke schneiden und dazugeben. Dann Sesam, Pfeffer und ein gut daumengroßes Stück Ingwer, klein geschnitten, hinzufügen. Etwa 30 Minuten dünsten lassen. Noch ein wenig Wasser dazugeben, damit es nicht anbrennt.

Hiziki-Alge mit Knoblauch, Sesam und Haselnüssen in Sojasauce

2 Knoblauchzehen
2 El Sesam
150 g Haselnüsse
100 ml Sojasauce
150 g Hiziki-Alge
200 ml Olivenöl

Hiziki-Alge 2 Stunden in Wasser einweichen, anschließend gut abschwemmen und in frischem Wasser 20 Minuten kochen. Neuerlich abschwemmen und mit gepresstem Knoblauch und Sesam in Olivenöl dünsten. Haselnüsse hacken und dazugeben. Das Ganze mit Sojasauce ablöschen.

Menü mit Hiziki-Alge

Linsensuppe mit Ingwer

Erdäpfel schälen und in kleine Stücke schneiden, Knoblauch klein hacken. Safranpulver in 1 Tl heißem Wasser auflösen. Die Gemüsesuppe erhitzen, Erdäpfel und Linsen dazugeben und alles bei mittlerer Hitze 20 Minuten lang kochen. Knoblauch und Gewürze einrühren und mit Salz und Pfeffer abschmecken.

150 g Erdäpfel
1 Knoblauchzehe
1 Msp Safranpulver
½ l Gemüsesuppe
250 g Linsen aus der Dose
1 Msp Ingwerpulver
½ Tl gem. Kurkuma
3 El Zitronensaft
Salz, Pfeffer

Ingwer-Nudel-Suppe

Zwiebel schälen und in dünne Ringe schneiden, Ingwer häuten und in feine Scheiben schneiden, Koriander waschen, trocken tupfen und klein hacken. Die Nudeln in reichlich kochendem Salzwasser bissfest kochen.

Gemüsesuppe aufkochen und gemeinsam mit den Zwiebelringen 5 Minuten bei mittlerer Hitze kochen lassen. China- und Sojasauce einrühren und Ingwerscheiben, Nudeln und Shrimps hinzufügen und bei kleiner Hitze 5 Minuten lang erwärmen. Zum Servieren mit Koriander und Pfeffer bestreuen.

2 Zwiebel
100 g frischer Ingwer
1 Bd Koriander
400 g Nudeln
500 ml Gemüsesuppe
100 ml süß-saure Chinasauce
1 El Sojasauce
400 g Shrimps
grob geschroteter Pfeffer

Ingwer-Mais-Suppe mit Huhn

1 Stück frischer Ingwer,
2 cm lang
1 große Dose Mais
1½ l Hühnersuppe
250 g gekochtes und gewürfeltes Hühnerfleisch
2 El Maismehl oder Weizenmehl
100 ml Wasser
8 kleine Zwiebeln
1 Tl Sesamöl
Salz, Pfeffer

Ingwer schälen und raspeln. Mais in einem Sieb abtropfen lassen. Hühnersuppe erwärmen, Mais, Fleisch und Ingwer hinzugeben. 5 Minuten köcheln lassen. Maismehl und Wasser in einer Schüssel zu einem Brei verrühren und in die Suppe einrühren. Zwiebel schälen, fein hacken und mit dem Sesamöl in die Suppe rühren. Mit Pfeffer und Salz abschmecken.

Ingwer-Karotten-Suppe

500 g Karotten
1 große Zwiebel
50 g Butter
1 El Mehl
1 l heiße Hühnersuppe
2 Tl frisch geriebener Ingwer
200 ml Schlagobers
Salz, Pfeffer, Schnittlauch zum Bestreuen

Karotten und Zwiebel schälen und in dünne Scheiben bzw. Ringe schneiden. Zwiebel und Karotten bei niedriger Hitze in Butter anbraten. Mehl hinzufügen und umrühren. Topf vom Herd nehmen und mit Suppe aufgießen. Ingwer dazugeben. Wieder auf den Herd stellen und unter ständigem Umrühren erhitzen bis alles zu kochen beginnt und eindickt. Auf kleiner Hitze 25 Minuten lang köcheln lassen. Suppe pürieren und Schlagobers einrühren, salzen und pfeffern. Mit Schnittlauch bestreut servieren.

Kürbiscremesuppe

Kürbis schälen und die Samen entfernen, Fruchtfleisch grob würfeln. Zwiebel und Knoblauch schälen und beides fein hacken. 40 g Butter in einem Topf erhitzen, zuerst die Zwiebel darin andünsten, dann den Knoblauch dazugeben. Er sollte keine Farbe annehmen, sonst wird er bitter. Die Kürbiswürfel zugeben und 5-10 Minuten dünsten. Mit der Suppe aufgießen und 15 Minuten köcheln lassen. Weißwein zugeben und alles pürieren. Schmelzkäse zufügen und umrühren, bis er sich aufgelöst hat. Mit wenig Salz würzen, viel frisch gemahlenen Pfeffer, Piment und eine Prise Cayennepfeffer zugeben. Abschmecken und dann den Ingwer untermischen.

Toastbrot entrinden und in Würfel schneiden. Die restliche Butter in einer Pfanne erhitzen und die Brotwürfel darin goldbraun anrösten. Zum Servieren die Suppe mit den Croutons bestreuen.

1 kg gelbfleischiger Kürbis
1 Zwiebel
2 Knoblauchzehen
60 g Butter
¼ l heiße Rindsuppe
¼ l trockener Weißwein
200 g Schmelzkäse
Salz, schwarzer Pfeffer
½ Tl gem. Piment
Cayennepfeffer
1 El frischer Ingwer, hauchdünn geschnitten
3 Scheiben Toastbrot

Zucchini-Erdäpfel-Gemüse mit Ingwer

Ingwer schälen und fein reiben. Die Chilischoten halbieren, Kerne entfernen, waschen und in kleine Stücke schneiden. Erdäpfel waschen, schälen und in Würfel schneiden. Zucchini waschen und in Scheiben schneiden. Sesamöl in einem Topf erhitzen, Erdäpfel und Zucchini darin 5 Minuten braten. Die restlichen Zutaten beigeben und so lange braten, bis die Gewürze hellbraun sind. Heißes Wasser aufgießen und unter Rühren aufkochen lassen. Weiter köcheln bis die Erdäpfel weich sind.

1 Stück frischer Ingwer, 3 cm lang
2 frische Chilischoten
300 g Erdäpfel
300 g Zucchini
5 El Sesamöl
1 Tl Paprikapulver, edelsüß
¼ Tl Chilipulver
1 Tl gem. Kurkuma
Salz
400 ml heißes Wasser

Indonesische Palatschinken mit Ingwer

3 Frühlingszwiebel
1 Knoblauchzehe
1 Ei
1 kleine Dose Mais
150 g geröstete Erdnüsse
2 Tl frischer Ingwer, geraspelt
1 Tl gem. Kümmel
2 El Reismehl oder Weizenmehl
⅛ l Erdnussöl

Frühlingszwiebel putzen und in Streifen schneiden. Mais in einem Sieb abtropfen lassen, im Mixer mit Erdnüssen, Zwiebeln, Ingwer, gepresstem Knoblauch und Kümmel pürieren und in eine Schüssel geben. Verquirltes Ei und Reismehl zugeben und verrühren. Kleine, flache Laibchen aus der Masse formen und von beiden Seiten in Öl goldbraun braten.

Gebratenes Ingwerhuhn karibisch

1 Knoblauchzehe
1 Zwiebel
2 El frisch geriebener Ingwer
100 ml Limonensaft oder Zitronensaft
1 großes Huhn (küchenfertig)
2 El Butter
1 Tl Salz
1 Tl schwarzer Pfeffer aus der Mühle
2 El Mango-Chutney
1 Tl Stärke (Maisstärke)

Zwiebel schälen und fein hacken. Aus Ingwer, gepresstem Knoblauch, Zwiebel und Limonensaft eine Paste rühren, das Huhn damit einreiben und zugedeckt 1 Stunde kalt stellen.
Backofen auf 220 Grad vorheizen. Butter schmelzen und die Marinade, die vom Huhn abgetropft ist, unterrühren. Huhn mit Salz und Pfeffer würzen, in eine Bratform legen und die Buttermischung darüber gießen. 75 Minuten im Backofen braten. Das Huhn aus der Form nehmen und das Mango-Chutney in den Bratensaft einrühren. Bei kleiner Hitze 5 Minuten lang köcheln lassen. Stärke in 1 El Wasser auflösen und die Sauce damit binden.
Huhn tranchieren und mit der Sauce anrichten.

Spinat mit Ingwer

Spinatblätter in breite Streifen schneiden, waschen und in siedendem Wasser 1 Minute blanchieren. Abseihen und kaltes Wasser über den Spinat laufen lassen bis er abgekühlt ist. Gründlich ausdrücken bis der Spinat trocken ist. Einen Wok oder eine große Bratpfanne stark erhitzen, Öl hineingeben und, wenn es raucht, Kreuzkümmel und Pfefferschoten dazugeben und ein paar Sekunden schütteln. Spinat hineingeben, rasch schwenken, um die Blattteile voneinander zu trennen und mit Öl zu bedecken. Ingwer und etwas Salz daraufstreuen, umrühren und servieren. Der ganze Kochvorgang sollte nur etwa 1 Minute dauern, denn wenn Spinat zu langsam kocht, wird er wässrig.

1 kg Spinat
2 EI Sonnenblumenöl
½ Tl gem. Kreuzkümmel
2 milde grüne Pfefferschoten, entkernt und geschnitten
2 Tl japanischer Ingwer, eingelegt, zerkleinert
oder
4 Tl frischer Ingwer, gehackt
Salz

Shiitake-Pilze mit Ingwer, Pfeffer und Knoblauch

Pilze abreiben und in Stücke schneiden. Ingwer schälen und fein hacken, Knoblauch pressen und mit Szechuan-Pfeffer 1-2 Minuten in Öl braten. Pilze dazugeben und 4-5 Minuten sautieren. Mit Schnittlauch garnieren.

350 g frische Shiitake-Pilze
4 EI Öl
1 kleines Stück frischer Ingwer
3 Knoblauchzehen
1 Tl Szechuan-Pfeffer, zerdrückt
Schnittlauch

Getränke mit Ingwer

Ich möchte die Ausführungen mit Ingwer beenden, indem ich Ihnen noch zwei hochgeistige Getränke empfehle. Gehen Sie bei Ihrem Gebrauch sparsam und mit Ehrfurcht vor dem ihnen innewohnenden Geist um.

Karibisches Ingwerbier

250 g frischer Ingwer
2 Limonen (in dünne Scheiben geschnitten)
15 g Weinsäure
1 kg Zucker
4,8 l Wasser
15 ml Trockenhefe

Ingwer schälen und in den Krug schaben, dann Limonenscheiben, Weinsäure und Zucker hineingeben. Eine Tasse Wasser erwärmen und über die Hefe gießen. Den Rest des Wassers sieden und über die Ingwer- und Zuckermischung gießen. Wenn diese Flüssigkeit lauwarm geworden ist, Hefe zu einer Paste schlagen und hineinrühren. Zudecken und 2 Tage stehen lassen. Abseihen und in Flaschen füllen. Das Ingwerbier hält sich im Kühlschrank bis zu einer Woche, ungekühlt 2-3 Tage.

(ergibt etwa 4,8 Liter)

Glühwein

150 ml Wasser
1 kleines Stück Zimtstange
1 kleines Stück getrocknete Ingwerwurzel (gequetscht)
8 Gewürznelken
ein paar Stücke Orangeat (nach Belieben)
75 g Zucker
1 Flasche Rotwein (750 ml)

Wasser in einem Topf mit den Gewürzen, dem Orangeat und dem Zucker zu einem dicken Sirup sieden. Wein dazu gießen und beinahe auf den Siedepunkt erhitzen, dann servieren.

(ergibt etwa ¾ Liter)

Ich habe mich bei meinen Ausführungen über Ingwer vor allem auf zwei Bücher bezogen. „Gesund und Fit mit Ingwer" von Klaus Krämer, erschienen im Seehamer Verlag, und „Das große Buch der Gewürze" von Jill Norman, erschienen im AT Verlag Aarau - Stuttgart.

Ingwerwurzel

Frühstück

Frühstück

Was frühstücken Sie? Brot, Semmeln, Butter und Marmelade? Oder etwas deftigeres? Würstchen, Rühreier, Schinken und Käse? Oder etwas Alternatives? Müsli, Rohkost oder gar nichts? Oder trinken Sie nur eine Tasse Kaffee, um munter zu werden? Nehmen Sie sich Zeit für das Frühstück? Lesen Sie die Zeitung währenddessen?

Das Frühstück sollte die wichtigste Mahlzeit des Tages sein. Eine alte Weisheit sagt, dass man morgens wie ein König, mittags wie ein Bürger und abends wie ein Bettelmann essen soll. Das Frühstück trägt nicht nur zur Leistung, sondern auch zur Stimmung für den Tag bei. „Wohl schlecht gefrühstückt?", diese nachsichtige Umschreibung für „Na, du hast aber schlechte Laune!" hat wahrscheinlich jeder von uns schon einmal zu hören bekommen.

Franz Grillparzer wusste über das Frühstück zu sagen:

„Solange ich nüchtern,
bin ich träge und dumm.
Doch nach dem Frühstück schon
kommt Witz und Klugheit."

Die AutorInnen haben für Sie ein paar Frühstücks-Vorschläge gesammelt.

Wir wünschen Ihnen einen guten Morgen!

Frühstücks-Vorschlag von Christl Eberle

Buchweizenpalatschinken

Mit den Zutaten einen Teig anrühren und über Nacht stehen lassen, damit sich Hefepilze bilden können. Falls der Teig zu fest ist, mit etwas Leitungswasser verdünnen. In Olivenöl herausbacken.

Zum Frühstück mit Miso, würzigen Aufstrichen oder Marmelade servieren.

½ kg Buchweizenmehl
¼ kg weißes Mehl oder Dinkelmehl
300 ml Mineralwasser
Salz
zusätzlich Leitungswasser
Olivenöl

Frühstücks-Vorschlag von Stefanie Tuczai

Porridge

Wasser aufkochen, Zimt, Zimtstange, Gewürznelken, Salz, Butter, Rosinen und Walnüsse mitkochen. Äpfel schälen, putzen, in kleine Stücke schneiden und dazugeben. Die Haferflocken beimengen, aufkochen lassen und mit einem Schneebesen immer wieder umrühren. Auf kleiner Flamme 5 Minuten köcheln lassen, dann noch ca. 15 Minuten ziehen lassen und immer wieder umrühren.

Man kann den Porridge immer wieder etwas variieren, indem man zu den Äpfeln andere Früchte gibt (z.B. Birnen, Orangen oder Bananen). Auch Sonnenblumenkerne kann man beimengen.

Wenn man zum Grundrezept noch etwas Milch und eine Banane hinzufügt, bekommt der Porridge wieder einen ganz anderen Charakter.

Dem Experimentieren sind keine Grenzen gesetzt! Viel Spaß dabei.

¾ l Wasser
1 Schüssel Haferflocken (ca. 200 g)
2 Äpfel
1 Pr Salz
Gewürznelken, Zimt, Zimtstange, etwas Butter
eine Hand voll Rosinen,
eine Hand voll Walnüsse

Frühstück

Frühstücks-Vorschlag von Helga Hartl

Habermus

eine Hand voll Dinkelflocken, am besten frisch aus der Flockenpresse
Walnüsse, Sonnenblumenkerne, Rosinen
1 Msp Bertram
½ Tl Süßholz
1 Apfel

Die Dinkelflocken mit den Zutaten (ohne den Apfel) vermischen und am Abend mit kochendem Wasser übergießen. Zugedeckt stehen lassen. Über Nacht quellen die Flocken auf. Vor dem Frühstück einen Apfel schälen, in Spalten schneiden und weich dünsten und unter die Flocken mischen.

Frühstückstabletts

Frühstücks-Vorschlag von Josef Hartl

Japanisches Frühstück - Misosuppe

Die Kombu-Algen am Abend des Vortages in 2 Liter Wasser einweichen.

Im Einweichwasser aufkochen lassen, Salz und Gewürze dazugeben. Die geviertelten Radieschen dazugeben. Karotten, gelbe Rüben und Jungzwiebel schneiden und in der Suppe mitkochen. Wenn das Gemüse gar ist, Miso mit ein paar Löffel Suppe verrühren und in die Suppe einrühren. Die Suppe portionieren, Tofu in kleine Würfel schneiden und auf die Portionen aufteilen; mit Jungzwiebelringen garnieren.

Zur Suppe servieren

Reis mit Nori-Alge und Gomasio, Bio-Tamari, eingesalzene Salatgurkenstücke

Reis mit Nori-Alge und Gomasio

Reis in Schüsseln portionieren, 4-6 Streifen Nori-Alge auf eine Portion Reis legen und mit Gomasio garnieren.

Eingesalzene Salatgurkenstücke

Salatgurke der Länge nach halbieren, in fingerdicke Stücke schneiden, gut salzen und ca. eine halbe Stunde einwirken lassen. In einer kleinen Schüssel zum Reis dazuservieren.

1 große Karotte
1 große gelbe Rübe
½ Bd Jungzwiebel
½ Bd Radieschen oder weißen Rettich
½ - 1 Pkg japanische Suppenwürze
½ Suppenwürfel
2 Streifen Kombu-Algen, etwa 10 cm lang
60 g Reismiso
1 Tl Salz
2 l Wasser
250 g Tofu

Zur Suppe
Reis, Gomasio
1 Salatgurke
3 Stk Nori-Algen (ca. 3 cm breit und 4-5 cm lang)
Bio-Tamari
Salz

Frühstücks-Vorschlag von Michael Simöl

Süßreis mit Apfel

1 Ta Süßreis	Reis mit dem Wasser kochen – wenn man den Reis sehr weich haben möchte, dann nimmt man eine ½ Tasse Wasser mehr. Salzen nach Belieben. Am besten ist es, den Reis schon am Vorabend zu kochen und ihn dann am Morgen mit dem Apfel erwärmen. Hat man einen Reiskocher, dann ist es wunderbar, wenn man aufsteht und der Reisduft die Zimmer erfüllt. Vor dem Frühstück den Apfel schälen, in Spalten schneiden, mit den Rosinen weich dünsten und zum gekochten Reis geben. Wer es noch süßer möchte, kann den Reis zusätzlich mit Reismalz süßen.
2 Ta Wasser	
Reismalz	
Rosinen	
1 Pr Salz	
1 Apfel	

Episode FOUR aus der Naikan-Küche

Josef Hartl

Episode FOUR

„Das spirituelle Essen oder der richtige Biss zur Erleuchtung"

Ja, da bin ich nun angelangt bei der alles entscheidenden Frage: Kann man durch bewusstes Essen Erleuchtung erlangen? Oder muss man vielleicht doch fasten, um eine „spirituelle Größe" zu werden? Wie wichtig ist das Essen beim Naikan und gibt es dabei besondere Regeln? Ist nun das, was man isst wichtig für den Naikan-Prozess oder mehr das, wie man es isst? Jetzt einmal ehrlich und ernsthaft: ist Fasten dem Naikan-Prozess abträglich oder eben doch mehr förderlich und bekömmlich?

Nun, Schluss mit dieser Frage- und Philosophiestunde. Ich könnte hier auf alle Fragen mit JA oder NEIN antworten und dabei Recht oder Unrecht haben – frei nach dem Motto: Alles ist möglich, nichts ist fix.

Deshalb ist es wohl besser, ich gehe die Sache strukturiert an.

Erstens: Grundsätzliches zum Essen während einer Naikan-Woche

Wenn Menschen bei uns Naikan machen, ist weder besonderes Essen notwendig noch gibt es eigene oder außergewöhnliche Essensrituale. Um Innenschau zu betreiben, ist es nicht notwendig, eine 5 Elemente Küche zu pflegen oder vegetarisch, makrobiotisch, Rohkost oder Trennkost zu essen. Was uns persönlich jedoch wichtig erscheint ist, dass die Speisen schmackhaft und ausreichend sind. Wenn ich mir vorstelle, dass ich eine Woche auf meinem Übungsplatz dreimal täglich das Essen bekomme, und mir dabei 80% nicht schmeckt – dann war ich das erste und letzte Mal an diesem Ort. Beim Naikan wird man versorgt, man hat aufgrund des Settings nicht die Möglichkeit, sich zwischendurch eine Käsesemmel oder Wurstsemmel im Geschäft zu kaufen. Deswegen ist es uns natürlich wichtig, dass die TeilnehmerInnen zumindest 80% des Servierten schmackhaft und gut finden. Wir sind natürlich sehr dahinter, dass die Speisen auf den Tabletts gut aussehen, denn der Mensch isst auch mit den Augen. Ja, und weil wir die Portionen auf Tabletts anrichten und servieren, ist es uns auch wichtig, dass die TeilnehmerInnen sagen, ob sie mehr oder weniger haben wollen. Niemand soll das Naikan-Haus mit einem Hungergefühl verlassen, aber wir wollen auch keine Lebensmittel verschwenden.

Episode FOUR

Naikan zu machen, sprich Innenschau zu betreiben, hat zur Folge, dass sich Menschen für den Zeitraum einer Woche möglichst von der Welt zurückziehen. Die Menschen sitzen und liegen viel, wenn sie bei uns sind. Viele von ihnen haben dadurch weniger Bewegung und weniger körperliche Anstrengungen als dies sonst in ihrem Alltag der Fall ist. Deswegen sollten die Speisen nach Möglichkeit leicht sein. Das ist ein Grund, warum wir vegetarisch kochen. Erfahrungsgemäß essen viele Menschen in Europa auch zuviel Fleisch und Wurst, also extremes Yang würde man in der östlichen Küche sagen. So schadet es den Menschen nicht, einmal eine Woche fleischlos zu leben. Fleischlos heißt jedoch bei uns nicht nur Beilagen serviert zu bekommen, das wissen unsere ehemaligen Naikan-Teilnehmer am besten. Wenn man es gewohnt ist, ist eine vegetarische Küche einfacher zu handhaben und sie ist normalerweise leichter verdaulich, fettärmer und so auch meist der Gesundheit zuträglicher. Was den Naikan-Prozess angeht, könnte man genauso gut Schnitzel, Schweinsbraten und Leberwurst servieren. Das Essen hat nichts damit zu tun, denn unabhängig davon hat man sich beim Naikan mit seinem Leben zu beschäftigen und seine Erinnerungen mit den drei Fragen zu durchforsten. Als meine Söhne Naikan übten, machte ich es ihnen schmackhaft, indem ich ihnen versprach, in dieser Zeit Pizza und Schnitzel zu kochen – das war ich bereit für meine Söhne zu tun. Ja, und in der Schweiz hatte ich einmal eine 15-jährige Teilnehmerin („jugendliche Widerständlerin"), die auch meinte, wenn sie sich schon zurückziehe und quasi kasteie, wolle sie zumindest eine Pizza und überhaupt möchte sie ihr Essen selbst wählen können. Nun ich ging auch darauf ein. Denn ich habe auch selbst nichts gegen Qi (Energie) mit Hörnern -– sprich Rindsuppe oder einen Vanillerostbraten – und im Übrigen kann ich mich gut in das Wesen von Kindern und Jugendlichen versetzen.

Normalerweise kochen wir aber nicht außertourlich für TeilnehmerInnen – auch keine Diät oder Ähnliches. Das hat zwei Gründe: Erstens sollte man keine Bedingungen stellen, wenn man Naikan üben will, wie etwa: nur, wenn ich Fleisch bekomme oder wenn ich meine tägliche Flasche Bier trinken kann, etc., übe ich Naikan. Das ist einfach dem Prozess im Naikan abträglich. Und zweitens haben wir nicht die Zeit, Sonderwünsche zu kochen.

Episode FOUR

Beim Naikan kochen die Naikan-LeiterInnen nämlich auch für die TeilnehmerInnen oder es kocht eine Person, die selbst Naikan gemacht hat – das ist uns wirklich wichtig.

Wir kochen mit Liebe, Hinwendung und Zuneigung für die Menschen, die auf ihren Plätzen Innenschau betreiben. Wir fühlen Respekt und Anerkennung für die Übenden und wollen sie in ihrem Tun unterstützen.

Ja, und wir wissen, dass sich die Menschen immer sehr auf das Essen freuen und wir freuen uns, wenn das von uns mit Liebe gekochte Essen mit freudigen Augen entgegengenommen wird. In diesem Vorgang liegt ein Teil des offenen Geheimnisses, warum unser Essen so häufig als außergewöhnlich schmackhaft von unseren Naikan-TeilnehmerInnen wahrgenommen wird. Ein weiterer Teil des offenen Geheimnisses ist, dass die Menschen in unserer Küche grundsätzlich gerne kochen. Ich zumindest fühle mich beim Kochen völlig in meinem Element und habe auch einige Zeit als Koch in einem buddhistischen Zentrum gearbeitet. Wäre ich nicht Naikan-Leiter und Shiatsu-Lehrer geworden, so würde ich sicher ein vegetarisches Restaurant führen oder als Koch in einem arbeiten. Kochen ist eine absolut kreative und hochspirituelle Tätigkeit. Hier kann man sein Innerstes ausdrücken – zum Wohle und zur Freude der Menschen und man erhält alles in Form positiven Feedbacks von den Menschen zurück. Und wenn dieser Prozess nicht ein spiritueller ist, was dann? Um Punkt Eins – Grundsätzliches – zusammenzufassen:

Wir kochen vegetarisch, eine einfache österreichische Hausmannskost, jedoch auch manchmal etwas Indisches oder Japanisches. Das Essen ist nach Möglichkeit biologisch und sollte der Gesundheit förderlich und nicht abträglich sein. Wir achten natürlich darauf, dass wir kostengünstig und der Jahreszeit gemäß kochen. Was wir nicht können, da uns das in unserer Arbeit (Prozessbegleitung, Kochen, Abwaschen, ...) überfordern würde, ist, spezielle Diäten oder Krankenkost extra zu kochen oder zwei Menüs anzubieten. Meine Frau hat jedoch schon Geburtstagstorten für Teilnehmer gebacken, als Überraschung, da wir nebenbei mitbekommen haben, dass ein Geburtstagskind bei uns zu Gast ist und die freudige Überraschung war schon groß, spürbar und schön.

Episode FOUR

Zweitens: Beobachtungen bezüglich Essen im Naikan

„Du bist, was du isst und isst, wie du bist."

Untersucht man diese Redewendung genauer, so kommt man zum Schluss, dass sie ein Körnchen Wahrheit beinhaltet. Jemand, der schnell, hastig und gierig isst, also die Nahrung in sich hinein schlingt, wird höchstwahrscheinlich auch während einer Naikan-Woche so essen. Die Ursache dafür ist meist ein Gefühl des Mangels und die Angst, zu wenig im oder vom Leben zu bekommen. Auch kann so ein Essverhalten eine gewisse innere Unruhe und Rastlosigkeit aufzeigen. Naikan passiert in Ruhe, Stille und Zurückgezogenheit. Jeder Übende lebt eine Woche für sich alleine. Die TeilnehmerInnen reden nicht untereinander und halten auch keinen Blickkontakt. Dieses In-sich-Zurückziehen fördert auch die Langsamkeit. Das Essen als solches wird hier zum bewusstseinsbildenden Prozess. 21 Mahlzeiten mit sich in der Stille, alleine dieser Akt lässt so manchen Naikan-Übenden sich selbst in seinem Verhalten ertappen. Wir als LeiterInnen brauchen hier gar nichts zu sagen oder tun. Sitzen acht schmatzende, gierig schlingende Menschen um einen Tisch, so fällt das eigene Schmatzen und Schlingen nicht auf – es geht in der Menge unter. Schlingt und schmatzt man alleine am Tisch, so weiß man, wer da schlingt und schmatzt, oder?

Isst man selbst sehr bewusst, ruhig und leise, kann es auch vorkommen, dass man ein Schmatzen vom Platznachbarn mitbekommt und sich selbst beim missbilligenden Hochziehen einer Augenbraue zusieht. Auch wie man vielleicht innerlich einen Menschen verurteilt, den man nicht einmal kennt – es reicht hier schon das Schmatzen. Und in all dieser Stille und Zurückgezogenheit besteht die Möglichkeit, dass man sich bei diesem Vorgang selbst zusieht. Dieses Zusehen wiederum könnte eine ganze Kette an Erinnerungen und Assoziationen auslösen. Etwa, dass man schon als Kind ein missbilligendes Verhalten gegenüber der Großmutter an den Tag legte, wenn diese am Mittagstisch schmatzte. Vielleicht erinnert man sich augenblicklich auch, dass die Großmutter nur mehr wenige Zähne hatte und es einfach ohne Schmatzen nicht mehr ging bei ihrer Nahrungsaufnahme.

Ja, man könnte rückblickend erkennen, dass man mit seiner offen zur Schau gestellten Abneigung die Großmutter gekränkt hat. Oder man stellt sich die Frage, welche Schwierigkeiten habe ich meiner Großmutter im Alter zwischen 6 und 10 Jahren gemacht. Natürlich könnte es auch sein, dass eine völlig andere Assoziationskette zu laufen beginnt. Etwa, dass einen der

Episode FOUR

Vater immer tadelte, weil man selbst als Kind schmatzte. Man könnte unter anderem erkennen, dass man dadurch sehr gekränkt war, ja vielleicht heute noch über diesen Tadel im tiefsten Inneren gekränkt ist. Weiters könnte man vielleicht erkennen, dass diese unabsichtliche Kränkung durch den Vater zur Distanz in der Beziehung zu ihm geführt hat oder zumindest einen Teil einer heute wahrgenommenen Distanz ausmacht. Und diese Erkenntnisse nur aufgrund des Schmatzens und etwas Zurückgezogenheit, eines auf sich selbst „Zurückgeworfenseins." All das, so kann ich Ihnen versichern, ist nicht an den Haaren herbeigezogen, sondern entspricht den Schilderungen eines ehemaligen Naikan-Teilnehmers in einem Einzelgespräch mit mir nach einer Woche des Übens. Ich selbst habe solche bzw. ähnliche Assoziationsketten während meiner Naikan-Praxis erlebt.

Es gibt vieles, was in Zusammenhang mit dem Essen und dem Naikan-Prozess steht. Da wäre zum Beispiel der Geruch eines Erdäpfelgulasch, der völlig absichtslos von der Küche Richtung Übungsplatz zieht. Eine Übende, die diesen Geruch schon 30 Jahre nicht mehr gerochen hat, wird blitzartig in ihre Kindheit versetzt und klare Bilder von der Küche ihrer Kindheit und der viel jünger aussehenden Mutter in der Kleiderschürze, wie sie am Herd steht, kommen bei ihr hoch. Die Übende öffnet, an diese Bilder anknüpfend, ein Tor in ihre Kindheit und darf längst vergessene, ins unbewusste Abstellgleis verdrängte Erlebnisse noch einmal erleben. Sie kann sich nun erinnern, dass ihre Mutter im Winter Bratäpfel für sie zubereitet hat und diese Erinnerungen sind so lebhaft, dass sie glaubt, den Duft zu riechen. Sie sieht eine Mutter, der sie im Alter von drei Jahren beim Kekse backen hilft. Eine Mutter voller Geduld, die ihr in liebevoller Geste das Mehl aus dem Haar streicht. Eine Mutter, deren Augen voll jugendlicher Freude strahlen und deren liebevoller Blick sie immer wieder streift. Und die Teilnehmerin muss leise weinen, denn genau dieser Mutter hat sie nach zwei Jahren Psychotherapie vorgeworfen, dass sie zu wenig Unterstützung gegenüber ihren Brüdern bekommen hat. Dieser Mutter hat sie Verständnislosigkeit gegenüber ihren Pubertätsproblemen vorgehalten. Ja, und insgeheim machte sie diese Mutter verantwortlich dafür, dass sie in ihren Beziehungen mit Männern solche Probleme hatte, und noch immer hat. Und eben wegen dieser Probleme war sie zum Naikan gekommen und soeben ging ihr die Schuldige verloren und die Schuldzuweisung löste sich gerade in Luft auf. Denn die Teilnehmerin spürte den liebenden Blick der Mutter, sie spürt die tiefe Verbindung, und es scheint, als würde sie die Hand ihrer jungen

Episode FOUR

Mutter noch einmal spüren, wie sie ihr liebevoll das Mehl aus den Kinderhaaren streicht. Nun wird aus dem leisen Weinen ein lautes Schluchzen. Ein Weinen, das vermischt mit Scham, Freude und Erleichterung aus der Teilnehmerin herausbricht. Es mag Minuten oder auch Stunden anhalten. Nachdem es verebbt ist, fühlt sich die Teilnehmerin leer und voll zugleich. Die Übende fühlt deutlich den Rest von Scham angesichts ihres vorwurfsvollen Verhaltens in den vergangenen Jahren ihrer Mutter gegenüber. Viel mehr steht jedoch das Gefühl der Erleichterung im Vordergrund, ein Stein, ja, ein ganzer Felsen hat sich aus der Seele gelöst und das Gesicht der Übenden strahlt, ist entspannt und leuchtet von innen heraus. Es ist ruhig geworden. Und dieser ganze Prozess wurde ausgelöst vom absichtslosen Geruch eines Erdäpfelgulasch, einem sogenannten Arme-Leute-Essen.

Was nun das Essverhalten der Naikan-TeilnehmerInnen angeht, so nehmen sie es von zu Hause mit zu uns. TeilnehmerInnen, die sehr wählerisch oder heikel sind, werden dies auch bei uns sein. Jene, die besonders auf gesunde Nahrung achten, werden ihren Blick auch bei uns mit dieser Geisteshaltung über den Teller streifen lassen. Und die, die dem Essen keine oder zu wenig Bedeutung beimessen, denen wird das Essen auch bei uns egal sein. Für alle besteht aufgrund des Settings die Möglichkeit hinter ihr Verhalten zu schauen, oder ihre Art und den Umgang mit Essen bei uns bewusst zu entdecken. Warum? Ich sage nur: 21 Mahlzeiten in Stille und Zurückgezogenheit mit sich alleine und kein Stress, keine Zeitung, die nebenbei gelesen wird, kein Bildschirm mit den Abendnachrichten zwei Meter vom Teller entfernt und kein Kind, das nebenbei versorgt werden will.

Manche TeilnehmerInnen genießen diese Situation von der ersten Minute an. Andere wiederum brauchen einige Tage, um mit dieser einfachen, nackten und klaren Tatsache umgehen zu können. Versorgt zu werden und ohne Ablenkung das Leben in sich aufnehmen zu können, ja es vielleicht bewusst genießen zu können, will auch gelernt sein.

Episode FOUR

Drittens: Kann spezielles Essen bzw. Essverhalten oder Fasten zur Erleuchtung führen?

Dazu fällt mir spontan ein Ausspruch des japanischen Soto Zen-Meisters Taisen Deshimaru (1914-1982) ein. Dieser sagte: „Makrobioten sind große Egoisten, denn sie beschäftigen sich zuviel mit dem Essen!"

Nun, natürlich sind nicht alle Makrobioten Egoisten und diese Ernährungsform ist, adäquat angewendet, eine sinnvolle. Was jedoch Deshimaru Roshi ausdrücken wollte, ist, dass unser Bewusstsein getrübt und sicher nicht klar ist, wenn das Essen in unserem Bewusstsein einen zu großen Stellenwert einnimmt. Es gibt Menschen, die leben bewusst gesund, nehmen nur Bioprodukte zu sich und kauen jeden Bissen fünfzig Mal und gerade weil sie an alle dem so fest halten, sind sie auf eine eigene Art krank und unklar. Denn der Zustand der Erleuchtung lässt sich sicherlich nicht über das sogenannte gesunde Essen herbeizaubern.

Die Erleuchtung lässt sich nicht in Kategorien wie krank oder gesund einteilen. Krankes wie gesundes Essen birgt den göttlichen Funken, im buddhistischen Kontext gesprochen, die Buddha-Natur. Diese Tatsache spricht jedoch nicht gegen ein bewusstes und nach allgemeinem Empfinden gesundes Essen und Essverhalten.

Wäre dem so, dass man durch ein spezielles Essen, zum Beispiel durch Rohkost oder Sauerkraut, Erleuchtung erlangen würde, so wäre ich heute schon mit einer Tonne Sauerkraut eingedeckt und beim Naikan sowie überall in meinem Lebensraum gäbe es nichts anderes als Kraut und Kraut und Kraut. Ich glaube jedoch nicht an diese Möglichkeit, denn in meiner Heimat – dort wo ich aufgewachsen bin, im oberösterreichischen Mühlviertel – gibt es den Spruch: „Wer auf Gott vertraut, der braucht kein Kraut!"

Auch glaube ich nicht daran, dass man über eine gewisse Haltung beim Essen Erleuchtung erlangen kann. Zu einfach wäre es, wenn über das bewusste Beißen die Erleuchtung in uns einzieht. Es gibt keinen richtigen Biss, der den Zustand der Erleuchtung bewirkt.

Es ist jedoch sicher von Vorteil, ein bewusstes Verhaltens- und Geistestraining zu absolvieren. Das wiederum kann Teil des gesamten Bewusstseinzustandes werden, der uns die Erleuchtung in uns wahrnehmen bzw. verwirklichen lässt. Und unser bewusstes, achtsames Verhalten sollte na-

Episode FOUR

türlich beim Essen genauso vorhanden sein wie beim Naikan-Üben oder im Arbeitsalltag. Ja, eine bewusste Lebenshaltung, Achtsamkeit, Demut und Dankbarkeit sind natürlich Eigenschaften des Menschen, die ihm auf dem Weg zur spirituellen Verwirklichung helfen. Und aus diesem Wissen ist auch im Christentum das Gebet vor, und manchmal auch nach dem Essen entstanden. Oder die Tradition, dass man vor dem Anschneiden des Brotlaibes drei Kreuze mit dem Daumen auf die Rückseite des Brotlaibes zeichnet. Geschieht dies nur aus Gewohnheit, hat es keinerlei Wirkung, ja ist pure Zeitverschwendung. Wird das Gebet aber von Hinwendung und Dankbarkeit im Menschen erfüllt, so wird es Wirkung tun. Es ist nicht die Handlung des Kreuzschlagens auf dem Brotlaib die wirkt, sondern die damit verbundene geistige Haltung des Menschen, der diese Kreuze schlägt und der in diesem Moment voller Dankbarkeit für das lebensnotwendige Brot ist. Der, der diese Dankbarkeit in sich spürt und sie gegenüber dem Göttlichen mit dem Kreuzschlagen ausdrückt, ist in diesem Moment selig. Diese Dankbarkeit und Demut in Verbindung mit der tiefen Hinwendung im Glauben schafft neues Göttliches in seinem Bewusstsein und säubert seinen Geist. Im Augenblick dieser Hinwendung, wo Gedanken, Worte und Handlungen eins sind bei diesem Menschen, ist sein Geist rein, frei und ledig, bar aller Dinge und nicht anhaftend. Kann dieser Mensch in diesem Zustand verweilen, ein Leben lang in diesem geistigen Zustand sein Dasein leben, werden dies alle bemerken und es gibt einen Erleuchteten mehr in unserer Mitte.

Den bewussten Akt des Gebets gibt es auch im Buddhismus vor und nach jeder Mahlzeit. Im Zen-Kloster rezitiert man dafür ein bestimmtes Sutra. Auch bei uns im Tempel, wenn wir buddhistische Meditationswochen durchführen, lesen wir vor und nach dem Essen dieses spezielle Sutra.

Episode FOUR

Vor dem Mahl

Ich prüfe, ob ich daran denke, woher dieses Essen gekommen ist und mache mir bewusst, wie es zustande kam.

Ich prüfe für mich weiter, ob ich genug Gutes getan habe, um berechtigt zu sein, diese Speise essen zu dürfen.

Ich bringe meine Gier zum Stillstand und esse nur aus dem Grunde, meinen Hunger zu stillen.

Ich verwende diese Essen als Medizin, damit mein Körper nicht verdorrt und weiterleben kann.

Ich nehme dieses Essen, damit ich meinen Praxisweg gehen kann, um das Ziel zu erlangen.

Ich bin dankbar und teile dieses Essen mit dem Buddha, dem Sangha und meinen Ahnen sowie mit allen, die mir jemals Gutes getan haben.

Ich teile mit allen Wesen aus den sechs karmischen Welten.

Mit meinem ersten Biss schneide ich alles Böse.

Mit meinem zweiten Biss mache ich alles gut.

Mit meinem dritten Biss wünsche ich alle Wesen zu retten.

Mit meinem vierten Biss wünsche ich allen Wesen, dass sie den Buddhaweg erfüllen und Satori verwirklichen.

Rezitieren vor dem Mahl

Episode FOUR

Wenn wir diesen Text nicht nur aus Gewohnheit herunterlesen, sondern ihn ernst nehmen und danach unser Leben gestalten, dann sind wir auf dem Weg zur spirituellen Verwirklichung. Und natürlich dient uns auch das Essen, wie jede andere Tätigkeit, als Geistestraining.

Wenn ich mit meinem ersten Biss alles Böse schneide, so tun dies meine geistigen Schneidezähne. Meine materiellen Schneidezähne, es sind übrigens welche vom Zahnarzt, schneiden im gleichen Augenblick eine Karotte, ein Butterbrot oder vielleicht ein Stück vom Hühnerbein. Der materielle Akt des Schneidens, also der Biss in das Hühnerbein, ist sozusagen die Anregung, meinen Geist von allem Bösen zu säubern. Dies geschieht, wenn ich mich in einer Bewusstseinshaltung der Demut, der Dankbarkeit und Achtsamkeit gegenüber dem Huhn, der Gabe die mein Leben erhält, befinde. Bin ich in diesem Augenblick so, so erlebe ich im Einklang von Körper, Geist und Seele und im Einklang mit dem universellen Buddhageist einen nicht anhaftenden Bewusstseinszustand. Der sich bar und aller Dinge ledig in einem beißenden Zustand bei lebendigem Leib am Weg ins Nirvana, dem sogenannten buddhistischen Himmel, befindet. Im nächsten Augenblick kann ich aus diesem Seinszustand heraus fallen und mich am selben Mittagstisch mit dem selben Hühnerbein bei lebendigem Leib in der buddhistischen Hölle, also in einer karmischen Verstrickung, befinden. Ist mir das bewusst und strebe ich trotz dieses Wissens jeden Tag diesen einen demütigen, nicht anhaftenden, mich mit Dankbarkeit erfüllenden, Biss an, so habe ich den richtigen Biss in meinem Bewusstsein, der notwendig ist, Erleuchtung in diesem Leben zu verwirklichen.

Nun, all das hier sehe ich keineswegs als Wortspielereien. Ich nehme das Essen-Sutra meiner spirituellen Heimat sehr ernst und strebe mit aller Kraft meines Seins nach dem richtigen Biss.

Also, lassen Sie sich meine Worte auf der Zunge zergehen, um sie auch gut geistig einzuspeicheln, damit haben Sie den ersten Schritt getan, um sie auch gut verdauen zu können. Sie sollten ja einen spirituellen Nutzen haben und Ihren Hunger zumindest kurzzeitig stillen. Ich meine hier natürlich Ihren geistigen Hunger. Wollen Sie ein langfristiges Sättigungsgefühl, so scheint es ratsam, Naikan zu praktizieren oder eben im Alltag weiter Naikan zu praktizieren, falls Sie keine Zeit für ein Wochen-Naikan haben.

Episode FOUR

Was nun das Beten oder Sutra-Lesen vor dem Essen während einer Naikan-Woche anlangt, so wird den TeilnehmerInnen von unserer Seite dazu nichts gesagt. Wir servieren das Essen in liebevoller Haltung und in Stille. Wie bewusst bzw. nicht bewusst die Teilnehmer mit dem Essen umgehen, bleibt ihnen überlassen. Manchmal führt jedoch der gesamte Naikan-Prozess dazu, dass Menschen vor dem Essen wieder beten oder zu Hause vielleicht einige Sekunden in Stille vor ihrem Essen verweilen. Achtsamkeit, Dankbarkeit, vielleicht auch Demut oder tiefe Gefühle der Freude, sind doch häufig Folgen bei Menschen, die Naikan bei uns praktizieren.

Nun, wenn weder ein spezielles Essen noch ein bestimmtes Verhalten beim Essen Garant für die Erleuchtung sind, so könnte es doch über das Nicht-Essen, also Fasten, möglich sein. Das mag sich mancher denken. Es tut mir wirklich leid, Sie auch hier enttäuschen zu müssen. Denn das Nicht-Essen kann genauso gut den Geist binden wie das spezielle Essen oder das Essen im Allgemeinen. Man kann über Nicht-Essen ganz schön viel essen. Ich meine das natürlich im geistigen Sinne. Der Geist darf weder an Essen noch an Fasten gebunden sein, um in die Nähe von Erleuchtung zu gelangen. Ja, in Wirklichkeit darf unser Geist an nichts gebunden sein, um Erleuchtung zu erfahren. Er sollte völlig leer sein, leer und bereit für alles. Eben frei von Fasten, Essen, Tod und Leben. Sogar frei von sich selbst – ein sogenannter geistloser Geist sollte es sein.

Deswegen raten wir Naikan-TeilnehmerInnen grundsätzlich vom Fasten ab. Denn meist wollen sie es eben besonders gut machen, wenn sie ein Fasten während des Naikan in Betracht ziehen. Und sie essen geistig häufig mehr, als würden sie körperlich essen und sind somit meist mehr vom Naikan-Prozess abgelenkt, als sie es wären, wenn sie ganz normal unser vegetarisches Essen zu sich nähmen.

Sprechen wir nämlich vom spirituellen Standpunkt aus über das Fasten, so eröffnen sich ganz neue Sichtweisen. Wir fasten hier nicht nur, indem wir nichts essen. Nein, wir fasten von unserem anhaftenden Geist. Wir wollen ein Bewusstsein sich in uns bilden lassen, das einen Geist hervorbringt, der ohne Wollen ist. Einen Geist, der sich in sich selbst trägt und sich aus sich selbst speist. Einen Geist, der alle speist und nichts besitzt. Einen, der alles nährt und nicht gebiert. Wenn wir im spirituellen Sinne fasten, so lassen wir ab von allem und empfinden unendliche Dankbarkeit für das kleinste nichtige Nichts.

Episode FOUR

In diesem Sinne zog Buddha Gautama Zeit seines Lebens durch Indien. Schweigend übte er sich in Versenkung. Er gab Antworten, wenn er gefragt wurde und hat gegessen, was ihm die Menschen in seine Bettelschale gaben. Nahm alles, was er vom Leben und den Menschen geschenkt bekam voller Dankbarkeit an und forderte nichts. Gleich einem schön gefärbten Herbstblatt, das frei im Wind seinen absichtslosen Energietanz tanzt, um die Welt zu erfreuen, solange diese es ihm gewährt.

Voller Dankbarkeit verabschiede ich mich mit dieser Episode aus der Naikan-Küche im Ötscherland

Mögen alle Wesen Befreiung finden

Die Unwiderstehlichen

Helga Hartl

Helga Hartl – Kurzbiographie

Naikan-Leiterin und Mutter zweier Söhne. Begründete gemeinsam mit ihrem Mann 1992 das Naikan Haus Wien (jetzt Naikan Haus Ötscherland) und den Naikido Verein. Studium der Psychologie und Sportwissenschaften. Seit 1985 praktiziert sie Naikan und ist die erste Frau, die außerhalb Japans eigenständig als Naikan-Leiterin fungiert. Seit 1998 gemeinsam mit ihrem Mann Leiterin des NAIKAN HAUS ÖTSCHERLAND. Seit dem 15. Lebensjahr Beschäftigung mit buddhistischem Gedankengut und indischer Philosophie. Langjährige Erfahrung in Zen Meditation. Vom japanischen Zen-Meister Reunken Shue Usami Roshi autorisiert, Senkobo Buddhismus weiterzugeben.

vorige Seite:
Walters Geburtstag im NAIKAN HAUS ÖTSCHERLAND

Die Unwiderstehlichen

Persönlicher Erfahrungsbericht
„Naikan – welch ein glücklicher Tag!"

Es ist Mittwoch Abend. Nach der Abendpraxis stehe ich im Vorraum zum Dojo des Rinzai Ordens (Zen) und halte ein Programm des Buddhistischen Zentrum Scheibbs in Händen. Naikan, lese ich, eine Methode der inneren Beobachtung unter der Leitung von Professor Akira Ishii. Ich entscheide mich sofort.

Im großen Meditationsraum des Buddhistischen Zentrums höre ich die Naikan-Einführung. Ich hatte keine Ahnung, was auf mich zukommt. Die Worte von Herrn Ishii erschrecken mein Innerstes zutiefst und ich fühle, dass etwas in dieser Woche passieren wird. In der folgenden Nacht bin ich von Alpträumen geplagt, obwohl normalerweise mein Schlaf tief, fest und traumlos ist.

Im Zimmer, in dem ich übe, sind noch zwei andere Naikan-Übende. Mein Platz ist in einer Ecke, ohne Fenster und hinter einem sehr großen Wandschirm. Es ist Sommer, draußen scheint die Sonne, es ist heiß und die Luft im Garten flimmert von der Hitze. Ich als Sportlerin und Frischluftfanatikerin denke: „Warum kann man nicht draußen üben?"

In den ersten Tagen fließt die Erinnerung zäh und lückenhaft, oft gar nicht. Immer wieder schweifen die Gedanken zum Kaffee, der vor der Zimmertüre auf einem kleinen Tischchen steht, gehen nach draußen in den sonnenbeschienenen Garten, zu Marianne, die neben mir Naikan übt ... Die Zeit zwischen den Gesprächen scheint endlos zu verstreichen. Aber ich bleibe sitzen und zwinge meine Gedanken immer wieder zurück zu den drei Naikan-Fragen.

Es ist der dritte Tag. Ich beginne gerade meine Mutter ein zweites Mal anzusehen und fühle eine bleierne Müdigkeit. Ich kann kaum die Augen offenhalten und falle endgültig in einen tiefen Schlaf. Ein, zwei Stunden – ich weiß es nicht mehr wie lange.

Als ich aufwache ist alles anders. Plötzlich fließen die Bilder meiner Kindheit und meines Lebens wie ein riesiger Strom an mir vorüber. Ich sitze nur und schaue. Ich sehe mich mit drei Jahren auf dem von der Sonne heißen Balkonboden sitzen und Spielzeug durch den Spalt des Gitters schieben. Ich sehe zu, wie es in den Vorgarten hinunterfällt. Ich fühle die Hände meiner Mutter am Bauch, die mich stützen, damit ich schwimmen lerne. Wir sind am Meer und ich schaue auf die unendliche Weite des Wassers. Ich sehe, wie mein Vater mich an einem Arm und einem Bein nimmt und mich im Kreis dreht – auf und nieder, auf und nieder ... Ich sehe die Angst und den Schmerz auf dem Gesicht meines Vaters, als er mir im Spital sagen muss, dass mein Bein nicht mehr zu retten ist und es mir abgenommen werden muss. Es ist wie Himmel und Hölle.

Plötzlich ist der Naikan-Leiter wieder da, ich schaue erstaunt auf, es ist als ob die Zeit aufgehoben wäre. Alles passiert auf einmal. Ich verbeuge mich tief und bedanke mich für alles was ich sehen darf. Ishii-Sensei (jap. Lehrer, Meister) lächelt und verbeugt sich ebenfalls tief und sagt: „Bitte prüfen Sie weiter." Immer neue Bilder aus meinem Leben strömen vorbei und dann erkenne ich plötzlich „Gut und Böse" – es ist wie ein Ruck im Körper, ein Erschrecken. Ich sehe, wie ich durch diese Weise des unterscheidenden Denkens ein schweres Netz, einen Schleier über alles lege. Ich bin es, die dieses Netz aus Himmel und Hölle webt! Da ist kein Zweifel, keine Schuld, kein Weinen, keine Hoffnung, kein Lachen – ich sitze nur und schaue und gleichzeitig ist da ein vollkommenes Erleben des Augenblicks.

Ich muss auf die Toilette. Am Gang bleibe ich am Fenster stehen und schaue hinaus – welch ein glücklicher Tag! Wie grün doch die Bäume sind! Es ist als ob ich die Bäume zum ersten Mal in meinem Leben *wirklich* sehe. Ein tiefe Ruhe erfüllt mich.

Am Ende des Naikan schreibe ich –

Naikan ist wie das Meer
Einmal heben dich die Wellen in die höchsten Höhen
Einmal schleudern sie dich in die tiefsten Tiefen
Aber am Ende wirst du gereinigt
An einem strahlend weißen Sandstrand entlassen.

In tiefer Dankbarkeit an Herrn Yoshimoto, dem Begründer des Naikan, und an Herrn Professor Akira Ishii, meinem Lehrer

Die Unwiderstehlichen

Irgendwann in der Naikan-Woche passiert es. Der Drang nach Süßem wird mehr oder weniger unwiderstehlich! Ich sehe schon wie alle ehemaligen Naikan-TeilnehmerInnen mit dem Kopf nicken. Dann sind plötzlich alle Nutellagläser beim Frühstück leergegessen, alle Bananen verschwunden und die selbstgemachte Marmelade bis auf den letzten Tropfen aufgegessen. Und bei den Gesprächen höre ich des Öfteren: „Hast du nicht ein Stück Schokolade für mich?" Und das ist gut so! Denn Süßes entspannt. Die Gedanken kehren wieder zu den Naikan-Fragen zurück und die Erinnerungen tauchen wieder auf. Das wissen wir.
Deshalb gibt es im Naikanhaus – Gesundheit hin oder her – ...

Die Unwiderstehlichen

Obersgugelhupf

Eier, Zucker, Vanillezucker und Zitronensaft dick schaumig schlagen. Das mit Backpulver vermischte Mehl löffelweise unterrühren und Kokosette dazugeben.

Schlagobers schlagen und unter die Masse rühren.

Den Teig in eine befettete und mit Brösel ausgestreute Gugelhupfform füllen und in die Mitte des vorgeheizten Rohres geben.

Anschließend bei 170 Grad ca. 30 Minuten backen.

4 Eier
170 g Zucker
1 Pkg Vanillezucker
etwas Zitronensaft oder Aroma
220 g Mehl (griffig)
½ Pkg Backpulver
2 El Kokosette
¼ l Schlagobers

Obersgugelhupf

Becherkuchen

1 Bch Sauerrahm
1 Bch gesiebtes Mehl (griffig)
½ Pkg Backpulver
1 Bch Zucker
1 Bch Kinderkakao (Benco, ...)
1 Bch geriebene Nüsse
½ Bch Öl
4 Eier

Die Zutaten der Reihe nach in eine Rührschüssel geben und gut vermischen.

Den Teig in eine gut ausgefettete Kranzform (26 cm Durchmesser) füllen.

In die Mitte des **kalten** Rohres schieben.

Anschließend bei 180 Grad ca. 50 Minuten backen.

Dinkelkuchen

250 g Butter
200 g Vollrohrzucker
1 Pkg Vanillezucker
etwas Rum
4 Dotter
250 g Dinkelmehl
1 Pkg Backpulver
120 g geriebene Haselnüsse
1 El Kakao
1 Tl Zimt
4 Eiklar
3-4 säuerliche Äpfel

Die Butter schaumig rühren, nach und nach Zucker, Vanillezucker, Rum und Dotter dazugeben. Mehl und Backpulver mit Nüssen, Kakao und Zimt trocken vermischen und unter die Buttermasse rühren. Eiklar zu steifem Schnee schlagen.

Die geschälten und grob geriebenen Äpfel und zuletzt den Schnee vorsichtig unterheben.

Den Teig in eine mit Backpapier ausgelegte Kastenform füllen und in die Mitte des vorgeheizten Rohres schieben.

Anschließend bei 180 Grad ca. 70 Minuten backen.

Schüttelkuchen

Mehl und Backpulver mischen, Zucker, Vanillezucker und Nüsse dazugeben. Mit dem Kochlöffel alles gut vermischen. In die zerlassene Butter Eier und Kaffee einrühren. Alles unter das Mehlgemisch mischen und gut verrühren.

Den Teig auf ein mit Backpapier ausgelegtes Blech streichen, in die Mitte des **kalten** Rohres schieben und anschließend bei 180 Grad ca. 25 Minuten backen.

Die Marmelade mit Likör verrühren und den erkalteten Kuchen damit bestreichen.

Mit Schokoladeglasur oder Orangen-Zuckerglasur überziehen.

300 g griffiges Mehl
½ Pkg Backpulver
250 g Staubzucker
1 Pkg Vanillezucker
180 g geriebene Nüsse
¼ l kalter, starker Kaffee
4 Eier
180 g zerlassene Butter
Marmelade, 1 cl Likör
Glasur
1-2 Bch Schokoladenglasur oder
150 g Zucker mit dem Saft von 2-3 Orangen

Wallersee-Torte

Die Eier schaumig schlagen und nach und nach Zucker und Vanillezucker dazugeben. Das Mehl mit Nüssen und Mandeln vermischen und vorsichtig in die Masse geben. Anschließend die Schokolade unterrühren.

Die Masse in eine Springform (26 cm) füllen und in die untere Hälfte des vorgeheizten Backrohres schieben. Bei 180 Grad ca. 45 Minuten backen.

Füllung – Schlagobers steif schlagen und mit der Schokolade vermischen. Die Gelatine nach Vorschrift zubereiten, unter das Schlagobers mischen und kalt stellen.

Die erkaltete Torte ein- oder zweimal durchschneiden und mit einem Teil der Füllung füllen. Oberfläche und Rand mit dem Rest bestreichen. Nach Belieben verzieren.

8 Eier
250 g Staubzucker
1 Pkg Vanillezucker
50 g Mehl (griffig)
120 g geriebene Haselnüsse
120 g geriebene Mandeln
40 g geraspelte Kochschokolade
Füllung
½ l Schlagobers
40 g geraspelte Kochschokolade
4 Blt Gelatine

Mohntorte

80 g Pflanzenmargarine	Margarine, Eidotter und Staubzucker schaumig rühren. Mit Salz und Zimt verfeinern. Eiklar, Kristallzucker und Vanillezucker steif schlagen, Mohn und geriebene Haselnüsse vermischen. Abwechselnd Schnee und Mohn-Nussgemisch unter die Dottermasse heben. Die Masse in eine befettete Auflaufform geben und bei 180 Grad ca. 35 Minuten backen.
30 g Staubzucker	
4 Eidotter	
1 Pkg Vanillezucker	
1 Pr Salz, 1 Msp Zimt	
4 Eiklar	
90 g Kristallzucker	
150 g Mohn	
70 g Haselnüsse	
1 Pkg Topfen (10%)	Topfen und Joghurt mit Zitronensaft, Staubzucker und etwas Salz verrühren. Gelatine in etwas Wasser einweichen und auflösen. Schlagobers steif schlagen. Die Hälfte des Schlagobers unter die Topfenmasse heben, und anschließend die Gelatine einrühren. Das restliche Schlagobers unter die Topfenmasse rühren und diese über den überkühlten Tortenboden gießen. Torte für einige Stunden in den Kühlschrank stellen.
1 Bch Joghurt (1%)	
¼ l Schlagobers	
100 g Staubzucker	
Zitronensaft	
5 Blatt Gelatine	
1 Pr Salz	
50 g Staubzucker	Himbeeren aufkochen lassen, Zucker einrühren und die zuvor in Wasser eingeweichte Gelatine hinzufügen. Kurz überkühlen lassen und auf die Torte geben.
3 Blt Gelatine	
300 g Himbeeren	

Apfeloberspudding

½ l Apfelsaft	Puddingpulver mit etwas Apfelsaft (5 El) glatt rühren. Den restlichen Apfelsaft aufkochen und dann den Zucker einrühren. Anschließend das glatt gerührte Puddingpulver einmischen und das Ganze 3-5 Minuten köcheln lassen. Kalt stellen.
Zucker nach Belieben	
1 Pkg Vanillepudding	
1 Bch Schlagobers	

Schlagobers steif schlagen und unter die erkaltete Puddingmasse mischen.

Apfel-Nusstorte

Butter schaumig rühren und Zucker, Vanillezucker, Salz, Zimt, Eier nach und nach dazugeben. Mehl mit Backpulver vermischen und darübersieben. Nüsse dazugeben und alles gut vermischen. Äpfel schälen, grob raspeln und unterheben.

Den Teig in eine befettete Springform füllen und in die untere Hälfte des vorgeheizten Rohres schieben, und bei 180 Grad ca. 60 Minuten backen.

Die noch warme Torte mit der erwärmten Marmelade bestreichen. Für die Glasur Zucker mit Rum glatt rühren und die Torte damit beliebig verzieren.

Teig
200 g weiche Butter
250 g Staubzucker
1 Pkg Vanillezucker
1 Pr Salz
1 Tl Zimt
3 Eier
300 g Mehl (griffig)
2 Tl Backpulver
100 g grobgehackte Walnüsse
350 g Äpfel
Zum Bestreichen
Apfel- oder Ribiselmarmelade
Glasur
100 g Staubzucker
1 El Rum

Topfenauflauf

Butter und Zucker schaumig rühren. Dotter, Topfen, Grieß, Rosinen und etwas Salz dazugeben und gut durchmischen. Vanillezucker und Eiklar zu einem festen Schnee schlagen und diesen vorsichtig unter die Topfenmasse heben. Masse in eine befettete Auflaufform geben und die Auflaufform in die Mitte des vorgeheizten Backrohres schieben und bei 160 Grad ca. 45 Minuten backen.

100 g Butter
2 Pkg Magertopfen
4 Eier
100 g Staubzucker
4 El Weizengrieß (grob)
Salz
1 Pkg Vanillezucker
Zitronenschale
Rosinen

Rumkuchen

5 Dotter
200 g Zucker
150 g Mehl (griffig)
½ Pkg Backpulver
150 g geriebene Nüsse
⅛ l Milch
5 Eiklar

Guss
¼ l Wasser
⅛ l Rum
100 g Zucker

Glasur
1 Bch Tortenglasur

Schlagobers zum Verzieren

Dotter und Zucker dickschaumig rühren. Das mit Backpulver vermischte Mehl, Nüsse und Milch dazugeben und gut unterrühren.

Eiklar zu steifem Schnee schlagen und zur Masse geben.

Den Teig in eine mit Tortenpapier ausgelegte Kastenform füllen und in die Mitte des vorgeheizten Rohres schieben.

Das Backrohr vorheizen und bei 180 Grad ca. 25 Minuten backen.

Für den Guss in einem kleinen Topf Wasser aufkochen, Rum und Zucker dazugeben und rühren bis sich der ganze Zucker aufgelöst hat.

Den gesamten Guss vorsichtig über den noch heißen Kuchen schütten.

Am besten über Nacht zugedeckt stehen lassen. Der Guss sollte gut einziehen.

Den erkalteten Kuchen mit Schokoladenglasur überziehen und mit Schlagobers verzieren.

Die Unwiderstehlichen

140 g Butter
160 g Zucker
4 Dotter
4 Rippen Schokolade
3 El Milch
150 g Haselnüsse
1 El Mehl
1 Msp Backpulver
4 Eiklar

Butter schaumig rühren, nach und nach Zucker, Dotter, die erweichte Kochschokolade und die Milch dazugeben. Backpulver in das Mehl geben, über die Masse sieben und alles gut verrühren. Die Hälfte der Nüsse reiben und untermischen. Das Eiklar zu steifem Schnee schlagen und vorsichtig unterziehen.

Die Masse auf ein mit Backpapier ausgelegtes Blech streichen. Die restlichen Nüsse grob hacken und die Masse damit bestreuen.

Das Backrohr vorheizen und bei 180 Grad 20-30 Minuten backen (Nadelprobe machen).

Die Unwiderstehlichen

Grießschmarrn mit Apfelkompott

Tee

Michael Simöl

Legenden

Aus China wird berichtet, dass sich vor rund 4.700 Jahren der große chinesische Kaiser Shen Nung in seinem Garten aufgehalten haben soll, in seiner Hand eine Trinkschale heißen Wassers. Plötzlich kam Wind auf und drei Blätter eines wild wachsenden Strauches fielen in seine Schale. Dem Kaiser fiel ein angenehmer Duft auf, er kostete, und fühlte sich frisch und konzentriert. Der Teestrauch und die Zubereitung des Tees wurden entdeckt.

Shen Nung galt für die Chinesen als einer der drei Gelben Kaiser, Götter, die früher als Menschen gelebt haben und den Menschen das Wissen gebracht haben. Der erste Gelbe Kaiser, Fu Shi, führte das Wissen über Yin und Yang ein, der zweite, Huang Ti, lehrte die Akupunktur. Shen Nung gilt als Begründer der chinesischen Kräuterheilkunde, brachte zudem das Wissen über die Getreidearten Soja, Hirse, Weizen und Reis ins Land und wurde daher in China „Himmlischer Landmann" genannt. Von Shen Nung stammt der Ausspruch: „Tee weckt den guten Geist und weise Gedanken. Er erfrischt das Gemüt. Bist du niedergeschlagen, so wird Tee dich ermuntern."

Die zweite Legende stammt aus Japan. Bodhidharma, buddhistischer Mönch und dritter Sohn des indischen Königs Kaisawo, soll ca. 519 n. Chr. mehrere Jahre vor einer Felswand meditiert haben. Als ihn eines Nachts schließlich die Müdigkeit überkam, war er so zornig über seine Schwäche, dass er sich beide Augenlider abschnitt und fortwarf. Dort schlugen die Lider bis zum nächsten Morgen Wurzeln, und es wuchsen zwei immergrüne Teesträucher. Bodhidharma probierte davon, und fühlte sich wachsamer und gestärkt, so dass er dem Schlaf besser widerstehen konnte.

Das Schriftzeichen *Cha* steht in Japan für Tee und für das Augenlid.

Verschiedene Tees vom selben Strauch

Grüntee, Weißer Tee, Oolong-Tee und Schwarztee werden aus den Blättern der Camellia Teepflanze hergestellt, der Thea Sinensis und der Thea Assamica, eine den Kamelien verwandte immergrüne Pflanze. Heute werden weltweit überwiegend deren Kreuzungen, die Assam-Hybriden, angebaut.

Der qualitative und geschmackliche Unterschied entsteht durch die Anbau- und Verarbeitungsbedingungen. Das Anbaugebiet, die Höhenlage, das Klima, der Pflanzentyp und die Sorgfalt bei der Pflückung und Verarbeitung der Teeblätter beeinflussen den Geschmack und Charakter einer Teesorte.

Thea Sinensis

Der Chinatee wurde vor ca. 5.000 Jahren in China, wahrscheinlich in Yunnan, entdeckt. Diese Pflanze hat kleine, zarte Blätter, wächst langsam und verträgt leichten Frost. Die Blätter enthalten wenige Gerbstoffe und entwickeln ein feines, blumiges Aroma. Thea Sinensis wird für den Grüntee und für den hochwertigen Darjeeling-Tee in den nördlicheren Hochlagen angebaut.

Thea Assamica

Der Tee aus Assam. Vor ungefähr 150 Jahren wurden im nordindischen Assam wild wachsende Teesträucher entdeckt. Diese Pflanze hat größere Blätter und ein stärkeres Wachstum, verträgt jedoch keinen Frost und braucht hohe Niederschlagsmengen. Der Tee aus dieser Pflanze ist kräftig und ergiebig.

Für die gehobene Teequalität werden die zwei jüngsten Blätter und die Blattsprosse von Hand geerntet. Heute besteht die Welt-Teeproduktion nur mehr zu 2% aus ganzblättrigem Tee. 98% hingegen werden in den drei Größenabstufungen der Blattzerkleinerung angeboten, die nichts mit Qualitätsunterschieden zu tun haben, nämlich „broken" (gröbste Form), „fannings" (mittelfein) und „dust" (feinst). Größen, die sich keiner der drei Stufen zuordnen lassen, werden „off grade" genannt.

In China, Formosa und Japan werden die Teeblätter vor allem zu Grüntee verarbeitet, überwiegend für den Eigenkonsum. In Assam, Südindien, Sri Lanka, Indonesien und Afrika wird überwiegend schwarzer Broken-Tee produziert.

Durch die zunehmende Automatisierung auf den Teeplantagen wird der größte Teil der Weltproduktion als Broken-Tee hergestellt. Das sind maschinell zerkleinerte Blätter wie Broken-, Fannings- und Dust-Tea für die Teebeutelproduktion.

Im nordindischen Darjeeling-Teeanbaugebiet wird der größte Teil der Tee-Ernte als Blatttee von hoher Qualität hergestellt.

Teeplantage vor dem Fujijama

Die Herstellung von Grüntee

Für die Herstellung von Grüntee gibt es unterschiedliche Verfahren. Ziel aller Verfahren ist es eine Fermentation der Teeblätter zu verhindern. Zur Herstellung von Sencha-Tee werden die Teeblätter sofort nach dem Pflücken ungefähr 30 Sekunden gedämpft und durch ein Gebläse gleich wieder abgekühlt. In China, zum Beispiel bei der Herstellung von Lung Ching, werden die frisch gepflückten Teeblätter unter ständiger Bewegung in eisernen Pfannen kurz erhitzt und zum Abkühlen auf Bambus-Tabletts ausgebreitet. Durch das kurze Erhitzen werden die Poren der Teeblätter geschlossen, damit die im Teeblatt enthaltenen Enzyme nicht die Fermentation bewirken. Nach dem Abkühlen werden die Blätter zum Teil unterschiedlich stark gerollt oder gepresst und in einem Heißluftofen endgetrocknet, bis im

Teeblatt nur noch ca. 3% Wasser enthalten ist. Durch diese schonende Bearbeitung bleibt der natürliche Inhalt und Geschmack der Teeblätter weitgehend erhalten.

Einige Grüntee-Sorten werden ausschließlich oder teilweise an der Luft oder an der Sonne, auf großen Bambus-Tabletts angetrocknet, dann erst in Pfannen oder im Trommelofen kurz erhitzt. Dabei gibt es eine leichte Fermentation, und es kann sich eine besondere Geschmacksnote entwickeln, wie zum Beispiel bei Weißem Tee oder bei Pouchong-Tee.

Die Vielfalt der Grüntees

Besonders in China hat sich durch die tausendjährige Erfahrung mit der Verarbeitung und der Züchtung verschiedener Teepflanzen eine reichhaltige Vielfalt an Grüntee-Sorten mit unterschiedlichstem Charakter und Geschmacksnuancen entwickelt.

Der Tee-Charakter

Der Charakter einer Teesorte wird durch verschiedenartige Teepflanzen-Typen und -Kulturen geprägt. Auch die Anbaulage der Teepflanze spiegelt sich im Geschmack wider.

Wenn zum Beispiel die Teebüsche in nebelverhangenen Hochlagen stehen, wie für den edlen Wolkennadeltee – Huang Hua Yun Jian – entwickelt sich eine feinwürzige, moosige Geschmacksnote. Die feinste Qualität des Formosa-Grüntees – Pi Lo Chun – wird während der Pfirsichblüte geerntet und hat ein zartes, blumig-fruchtiges Aroma. Von diesen Grüntee-Spezialitäten gibt es oft nur kleinste Mengen. Diese Spezialitäten werden mit der Hand geerntet. Einfache Grüntees hingegen werden auch mit Maschinen geerntet und in großen Anlagen weiterverarbeitet. Dafür werden die größeren Blätter aus der ergiebigeren Sommerernte verwendet.

Weißer Tee

Durch die sorgfältige Auslese, besonders von jungen, ungeöffneten Blattknospen mit silbrig-weißen Flaumhaaren, entsteht durch schonende Verarbeitung bei langsamer Trocknung mit leichter Fermentation eine Grüntee-Spezialität, die auch als Weißer Tee bezeichnet wird. In den südlichen Provinzen wird meistens unter hohen Schattenbäumen eine Teepflanzen-Sorte mit langen schmalen Blättern angepflanzt. Nach einer chinesischen Überlieferung wurden früher Affen dressiert, um an steilen, unzugänglichen Hängen die besten und zartesten Blattknospen zu pflücken.

Oolong-Tee

Oolong heißt schwarzer Drache und ist der halbfermentierte Tee aus China und Formosa. Die frisch gepflückten Teeblätter werden zunächst angetrocknet, oft zuerst kurz an der Sonne, dann in kühleren Räumen. Danach werden die Blätter in großen Bambuszylindern leicht gerollt und bis zu zwei Stunden fermentiert. Dann mehrmals in Pfannen und im Ofen endgetrocknet.

Je nach Sorte ist Oolong-Tee zu ungefähr 20% bis 70% fermentiert. Bei Oolong-Tees sind die Blätter außen anfermentiert und innen noch grün.

Grüner Jasmin Tee

Für die Jasmin Tee-Herstellung wird Grüntee in mehreren Durchgängen mit frisch geernteten Jasminblüten in Schichten gemischt oder auf Gitterrosten gestapelt, um den Duft der Blüten für ungefähr drei Tage einwirken zu lassen. Dann werden die Jasminblüten vor dem Verwelken wieder getrennt oder aussortiert, damit der zarte Jasminduft frisch und fein bleibt.

Pu-Erh-Tee

Pu-Erh-Tee ist ein Tee, der in der chinesischen Provinz Yunnan mit einem speziellen Fermentationsverfahren hergestellt wird. Diese besondere Art der Fermentierung bzw. Nachfermentierung verleiht dem Tee einen kräftigen, eigenwilligen, von mild-erdig, nussig bis rauchig-herb reichendem Geschmack. In der Tasse zeigt der Tee eine rötliche Färbung.

Grüntee aus China

China ist das Ursprungsland des Tees und durch die über 4.000 Jahre alte Teekultur hat sich eine sehr reichhaltige Tee-Vielfalt entwickelt.

Grüntee – Schwarztee – Oolong-Tee – Weißer Tee – Gelber Tee – Roter Tee – gepresster Tee und aromatisierter Tee wird in den verschiedensten Verarbeitungsmethoden und Geschmacksrichtungen hergestellt. Der größte Teil der chinesischen Teeproduktion ist Grüntee. In allen mittleren und südlichen Provinzen wird Tee angebaut.

Chun Mee - herb, kräftig
Gunpowder - herb, kräftig
Lung Ching („Tee des Kaisers") - blumig, leicht
Tuocha - herb, kräftig
Mao Feng - blumig, würzig
Tian Mu Qing Ding - blumig, würzig
Pan Long Yin Hao - blumig, würzig
Huo Cha Huang Ya („Zunge des Vogels") - zart, fein

Grüntee aus Taiwan

Auf der Insel Taiwan wird seit ungefähr 300 Jahren Tee angebaut. Daher hat Tee aus Taiwan noch den alten Namen der Insel – Formosa. Oolong-Tee ist die Spezialität aus Taiwan, aber auch die Grüntee-Produktion ist von Bedeutung und bringt hohe Qualitäten in unterschiedlichen Herstellungsarten.

Grüntee aus Indien

In Darjeeling sind noch wenige Teegärten auf eine Grüntee-Herstellung eingerichtet. Guter Grüntee aus Darjeeling ist mild-fruchtig und aromatisch mit einem leichten aber unverwechselbaren Darjeeling-Aroma. Grüntee aus Assam ist feinherb und leicht würzig im Geschmack mit hellgelber gehaltvoller Tasse.

Grüntee aus Japan

In Japan wird überwiegend Sencha-Tee produziert. Dabei wird auf die Erhaltung des natürlichen Duftes und Aromas der grünen Teeblätter geachtet. Der Geschmack dieser Teesorten ist frisch-aromatisch, auch etwas grasig, mit einem Hauch von Süße und einer feinen Bitterkeit. Die Aufgussfarbe ist hellgrün und hat bei guter Qualität ein frisches, sattes Grün.

Sencha - angenehm frisch, leicht bitter bis süßlich
Bancha - erfrischend, belebend
Hojicha - erfrischend, belebend
Kukicha - sehr mild, frisch
Kokeicha - mild, süßlich
Genmaicha - eine Tee-Kreation aus Sencha mit Reis und Popcorn.
Der Geschmack ist eine Mischung aus allen drei Ingredienzien.

Die Herstellung von Schwarztee

Die sorgfältige Auslese der drei jüngsten Teeblätter am Teebusch ist überwiegend Handarbeit. Bei der Feinpflückung werden für 100 Gramm Tee ungefähr 700 Blätter vom Assam-Tee und bis 2.000 Blätter mit Blattsprossen von der Sinensis Pflanze gepflückt. Nach dem Pflücken wird die Ernte gewogen und die Teeblätter auf dem schnellsten Wege zur Weiterverarbeitung in die Tee-Fabrik gebracht. Die Verarbeitung der Blätter beginnt mit dem Welken. Um die Blätter für das Rollen geschmeidiger zu machen, werden die Teeblätter auf langen Drahtgitterträgen ausgebreitet und mit Ventilatoren für 8 bis 12 Stunden belüftet. Anschließend werden die Teeblätter in sogenannten Rollmaschinen gerollt. Das Rollen der gewelkten grünen Blätter dient dazu, die Zellen aufzubrechen und den Zellsaft mit dem Sauerstoff der Luft in Verbindung zu bringen. Mit dem Rollbeginn setzt die Fermentation (oxydativer Gärungsprozess) ein. Die Fermentation dauert 2 bis 3 Stunden, dabei färbt sich das Blatt kupferrot und entwickelt das feine Teearoma. Die Aromaentwicklung während der Fermentation wird laufend geprüft, denn davon hängt in hohem Maße die Qualität des fertigen Tees ab. Durch die Fermentation entwickelt sich bei Schwarztee der typische Geschmack und die goldgelbe bis rotbraune Farbe. Anschließend werden die Teeblätter bei 85°C getrocknet. Der am Teeblatt angetrocknete

Zellsaft wird beim Aufgießen wieder gelöst und ist als kupferrotes oder goldbraunes Getränk in der Tasse.

Nach der Trocknung folgt das Sortieren der Teeblätter über mechanischen Rüttelsieben. Dabei werden die verschiedenen Blattgrößen, der Broken-Tee und kleinste Blattteilchen getrennt. Bei Spitzenqualitäten folgt noch eine Handauslese von Stängel und Bruch.

Die Vielfalt der Schwarztees

Darjeeling

Der Darjeeling-Tee gedeiht an den südlichen Ausläufern des Himalaja Gebirges in Höhen bis zu 2.000 Meter. Dieser Tee kommt häufig als Lagen- oder Gartentee in den Handel und trägt den Namen des jeweiligen Teegartens. Der Darjeeling ist eine helle, leichte, blumige Schwarzteesorte, die sich durch ihr liebliches und dennoch intensives Aroma auszeichnet.

Klimabedingt gibt es auf den Darjeeling-Plantagen drei Haupterntezeiten: die Frühlingspflückung (First Flush), die Sommerpflückung (Second Flush) und die Herbstpflückung (Autumnals). Der First Flush ist besonders zart, hell, duftig und etwas grünlich im Aufguss. Er ist so kostbar, dass er oft per Flugzeug nach Europa gebracht wird (daher auch die Bezeichnung „Flugtee"). Der Second Flush ist dagegen kräftiger in der Tasse und abgerundeter im Geschmack, außerdem länger haltbar. Nicht ganz so kräftig wie die Sommerpflückung sind die Herbsttees aus Darjeeling. Sie sind ausgereift und vollmundig, leicht im Geschmack und der Tee ist durch eine weiche, gelblich-rötliche Farbe gekennzeichnet.

Assam

Dieses größte zusammenhängende Teeanbaugebiet der Erde liegt in Nordost-Indien an der Grenze zu Myanmar, dem ehemaligen Birma. Assam-Tee ist ein kräftiger, voller, runder, ausgewogener und malziger Schwarztee. Er hat eine dunkel rotbraun leuchtende Tassenfarbe. Der Geschmack von Assam-Tee ist unabhängig vom Härtegrad des Wassers.

Ceylon

Dieser Schwarztee aus Sri Lanka, im Handel immer noch Ceylon-Tee genannt, hat einen frisch-aromatischen, spritzig-lebhaften Geschmack mit einer ganz besonderen, eleganten Milde. Farblich liegt er zwischen Darjeeling und Assam.

Kenia

Aus Kenia stammt der dem Ceylon-Tee ähnliche Kenia-Tee mit zitrusartigem, feinem und belebendem Aroma. Die besten Erntequalitäten stammen aus der Trockenzeit, Februar bis März. Bekannte Anbau-Distrikte dieses Schwarztees sind: Kericho, Nandi, Limuru-Kiambu, Nyeri und Meru.

Yunnan

In der chinesischen Teeprovinz Yunnan, unweit vom indischen Assam und an der Grenze zu Tibet, Laos, Vietnam und Myanmar, wird die Wiege der wilden Teepflanze vermutet. Hier wächst der Yunnan-Tee. Ein gehaltvoller, milder und doch kräftiger schwarzer Hochlandtee mit ansprechendem Duft und rötlich-goldenem Aufguss.

Keemun

Der weltbekannte Keemun-Tee aus der Provinz Anhui ist die Krönung der chinesischen Schwarztee-Kunst. Er hat ein einzigartiges „getoastetes" Aroma, einen wunderbaren Duft und ist im Geschmack voll, rund, fruchtig-süßlich und harmonisch. Das Geheimnis seines speziellen Aromas ist ein besonderes ätherisches Öl, Myrcenal genannt, das auch in Lorbeerblättern vorkommt, aber sonst in keiner anderen Gattung des Teestrauches.

Aromatisierte Schwarztees

Das Aromatisieren von Tee kann auf verschiedene Art und Weise erfolgen. Durch Beifügen von Blüten, Blättern, Gewürzen oder Trockenschalen. Beispielsweise Jasmin- oder Rosenblüten, Vanilleschoten, Ingwer, getrockneten Johannisbeeren, Orangenschalen und Ähnlichem. Oder durch Beifügen von natürlichen, aromatischen (meist ätherischen) Ölen, wie Bergamott-, Zitronen-, Orangen-, Mandarinen- oder Bitterorangenöl.

Eine weitere Möglichkeit ist das Beifügen von naturidentischen Essenzen, wie beispielsweise Apfel-, Mango- oder Marillenaroma.

Das bekannteste Beispiel für einen mit einem natürlichen Zitrusöl (Bergamottöl) aromatisierten Schwarztee ist der Earl Grey Tee, der seit über 100 Jahren in Europa getrunken wird.

Rooibos-Tee

Rooibos ist ein Strauchgewächs aus der südafrikanischen Cedarber-Region. Der dem Ginster ähnliche Rotbusch heißt in der Afrikaans-Sprache Rooibos, bei uns auch Rooibusch und Massai-Tee genannt, und wächst am besten in den sandigen Böden der Cedarber-Region. Schon ungefähr 2 Jahre nach dem Einpflanzen werden in den Sommermonaten die ersten Zweige geerntet.

Roter Rooibos

Im Verarbeitungsprozess von Rotem Rooibos werden die Zweige zerschnitten und es folgt eine Fermentation, die je nach Wetterlage 12 bis 20 Stunden dauert. Durch diesen Fermentationsprozess entwickelt sich der liebliche, feinwürzig-süßliche Geschmack.

Grüner Rooibos

Bei Grünem Rooibos wird auf den Arbeitsgang der Fermentation verzichtet. Es entsteht aber eine natürliche, leichte Fermentation, bei der sich das Blatt schwach rötlich färbt. Der Geschmack von Grünem Rooibos ist leichter und frisch-würzig.

Nach dieser Verarbeitung wird der Rooibos-Tee gesiebt, gereinigt und verpackt. Rooibos-Tee enthält kein Koffein und nur sehr wenige Gerbstoffe, aber einen hohen Anteil an Vitamin C.

Thein oder Koffein – das ist hier die Frage

Thein ist identisch mit dem im Kaffee enthaltenen Koffein und wirkt wie dieses anregend und belebend, aber – und dies im Gegensatz zum Kaffee – nicht aufregend. Der Unterschied kommt daher, dass das Thein nicht über Herz und Kreislauf, sondern direkt auf das Gehirn und das Zentralnervensystem einwirkt. Die im Tee enthaltenen sonstigen Wirkstoffe bremsen sozusagen die Wirkung des Theins, es wirkt also nicht so plötzlich auf den Körper wie das Koffein im Kaffee. Der Tee belebt langsam, nach und nach, die Wirkung hält dafür länger an und klingt auch nur langsam ab. All das erklärt die angenehme, stimulierende Wirkung einer Tasse Tee. Wie viele chinesische Philosophen schrieben, „die Seele erfreut und das Leben schöner macht."

Zubereitung von Tee

Je besser sich die Teeblätter im Aufguss entfalten können, um so feiner und gehaltvoller ist die Aromaentwicklung. Für hochwertige Schwarztee- und Grüntee-Sorten ist daher die traditionelle Teezubereitung besonders gut geeignet.

Dafür werden zwei Kannen und ein Sieb gebraucht. Eine Kanne (zum Beispiel aus Glas), um die Teeblätter offen aufzubrühen und eine Servierkanne, in die der Aufguss über das Sieb abgegossen wird.

Für die schnellere Tee-Zubereitung sind Einweg-Papierfilter geeignet. Damit kann zum Beispiel schnell ein Tassenaufguss zubereitet werden. Mit einem Halter sind Papierfilter auch für große Kannen geeignet. Gute Papierfilter sind geschmacksneutral und daher ideal, wenn viele verschiedene Tee-Arten zubereitet werden sollen.

Im Baumwollnetz kann sich Tee gut entfalten. Da der Geschmack von jedem Aufguss in das Netz einzieht und mit der Zeit das Aroma von Tee beeinträchtigen kann, muss ein Baumwollnetz – durch Auswaschen – stetig gepflegt werden.

Tee-Eier oder Zangen aus Metall sind zur Teezubereitung nur bedingt geeignet, da sich die Teeblätter nur eingeschränkt entfalten können. Der längere Metallkontakt während des Ziehens kann den Geschmack guter Teesorten beinträchtigen.

Für den Teegeschmack sind die richtige Wassertemperatur, die richtige Härte des Wassers (Kalkgehalt) und die Dauer des Ziehens entscheidend.

Zu heißes Wasser verfälscht den Geschmack und der Tee schmeckt bitter. Zudem können hier auch die im Tee enthaltenen Vitamine zerstört werden. Dies gilt besonders für Grüntees, bei denen die Wassertemperatur zwischen 70°C und 80°C liegen sollte. Zu kaltes Wasser führt dazu, dass der Tee nicht sein volles Aroma entfalten kann.

Ist das Wasser zu kalkhaltig, sprich zu hart, so sollte man vor dem Aufguss das Wasser etwas länger kochen lassen. Probieren Sie es einmal mit Schwarztee. Man schmeckt den Unterschied deutlich heraus.

Durch unterschiedlich langes Ziehen erhält man beim Tee unterschiedliche Wirkungen. Zieht der Tee ca. 3 Minuten, so wirkt er stimulierend. Diese Wirkung ist nicht zu verwechseln mit der von Kaffee, der nicht anregt, sondern eher aufregt. Zieht er über 5 Minuten, so beruhigt der Tee. Dieser Effekt beruht darauf, dass sich erst Koffein (Thein), Mineralstoffe und Vitamine im Tee lösen, die stimulierend auf den Körper wirken. Die bitter schmeckenden Gerbstoffe im Teeblatt lösen sich erst zum Schluss und blockieren das Koffein, so dass der Tee somit beruhigend wirkt.

Zubereitung von Grüntee

Für die Zubereitung von Grüntee und Weißem Tee sind Kannen aus Porzellan oder Glas geeignet. In weichem Wasser kann sich der Duft und das blumige Aroma der Teeblätter besser entfalten. Bei hartem Wasser werden mehr Inhaltsstoffe im Aufguss gebunden. Für härteres Wasser sind Grüntee-Sorten aus den nördlichen Provinzen von China geeigneter. Damit nicht zuviele Gerbstoffe aus dem Blatt gelöst werden und die Vitamine besser erhalten bleiben, sollte Grüntee bei der Zubereitung nicht mit kochendem Wasser überbrüht werden: das Wasser aufkochen und wieder abkühlen lassen.

- auf 70°C bei hochwertigem Sencha-Tee aus Japan und mit 60°C bei Giokuro-Schatten-Tee.
- auf ca. 80°C bei Grüntee von hoher Qualität und Weißem Tee.
- auf 85°C bis 90°C bei einfachen Grüntees und leicht fermentierten Teesorten.

- Die Teemenge für 1 Liter Wasser: ca. 8 g bis 12 g Teeblätter. Die Teemenge sollte je nach Sorte oder gewünschtem Geschmack und Teestärke individuell abgestimmt werden.
- Bei Sencha-Tee und herben Grüntees: 1 bis 2 Minuten ziehen lassen. Bei hochwertigem Grüntee und Weißem Tee: 2 bis 5 Minuten ziehen lassen.
- Gute Grüntee-Sorten können 2 bis 4 mal aufgegossen werden. Der zweite und dritte Aufguss enthält immer weniger Koffein.
- Sencha-Tee, Lung Ching und ähnliche, frischgrüne Teesorten ohne Deckel ziehen lassen.
- Weißer Tee und leicht fermentierte Tee-Sorten zugedeckt ziehen lassen.

Zubereitung von Schwarztee

Für die Zubereitung von Schwarztee sind Kannen aus Ton, Glas oder Porzellan geeignet. Je nach Geschmack und Tee-Art, ca. 10-15 g Schwarztee auf 1 Liter Wasser. Zum Dosieren ist das Wiegen der Teeblätter empfehlenswert. Schwarztee kann auch mit einem normalen Teelöffel dosiert werden. Ein Teelöffel fasst ca. 2-2,5 g schwarzen Blatt-Tee und bis ca. 3 g Broken-Tee.

Die ideale Ziehdauer für Schwarztee ist ca. 3 Minuten. Bei längerer Ziehdauer, über 3 Minuten, werden mehr Gerbstoffe aus dem Teeblatt gelöst. Das kann die Darmtätigkeit beruhigen und daher zu Verstopfung führen. Bei sehr kurzer Ziehdauer von nur 1-2 Minuten wird die Verdauung und Darmtätigkeit angeregt und hat eher eine abführende Wirkung.

Nach dem Aufgießen den Tee zugedeckt ziehen lassen.

Zubereitung von Rooibos

Rooibos ist sehr ergiebig. Es reichen 6-10 g Rooibos auf 1 Liter Wasser. Das Wasser leicht kochend über den Tee gießen und den Tee 3-5 Minuten ziehen lassen.

Zubereitung von Früchte Tee

1 Liter weiches, leicht kochendes Wasser über 15-20 g Früchte Tee gießen und 3-10 Minuten ziehen lassen. Je länger die Ziehdauer, um so säuerlicher wird der Geschmack von Früchte Tee.

Zubereitung von Kräuter Tee

1 Liter weiches, leicht kochendes Wasser über 15-20 g Kräuter Tee gießen und 6-8 Minuten ziehen lassen.

Zubereitung von Eis-Tee

Hier verhält es sich wie bei den Kräuter- und Früchte Tees. Jedoch sollte man beim Eis-Tee die doppelte Menge Tee pro Liter benutzen, da er nach dem Abkühlen mit Eiswürfeln getrunken und dadurch nochmals verdünnt wird.

Tee

Ein Meister bei der Teezubereitung

Chadô – Teezeremonie

Chadô oder chanoyu – wörtlich übersetzt „der Weg des Tees" und weithin bekannt als die „Teezeremonie" – ist für viele Menschen von einer geheimnisvollen Aura umgeben.

Das, was es vorrangig ausmacht, ist jedoch einfach: Eine kleine Anzahl von Freunden kommt zusammen, um im Verlauf einiger Stunden gemeinsam eine Mahlzeit zu essen, Tee zu trinken und eine kurze Atempause zu genießen, abseits von der Geschäftigkeit des Alltags. Die Gäste durchqueren einen kleinen, mit Bäumen und Sträuchern bepflanzten Garten und betreten den ruhigen, abgeschlossenen Teeraum, der gegen jedes grelle Licht abgeschirmt ist. In einer Nische hängt eine Schriftrolle, die vielfach die Worte eines Zen-Meisters enthält. In einer Vase sind einige Blumen in schlichter Weise arrangiert. In der Ruhe dieses Raumes, der in seiner Atmosphäre an eine abgeschiedene Hütte erinnert, finden Gastgeber und Gäste zu einem Zustand innerer Sammlung. Und während sie die ganz normalen Handgriffe des täglichen Lebens ausführen, versuchen sie, zueinander und zu allem, was sie umgibt, eine direkte, unmittelbare Beziehung tiefer Wertschätzung herzustellen.

Dieser gesamte Ablauf der Tee-Einladung mit Essen und Teetrinken dauert zwischen vier und sechs Stunden, in denen die Menschen, geleitet von einem genauen Ritual, in die Stille eines zweckfreien Tuns gleiten. Das Ritual ist damit kein Selbstzweck, sondern ein Hilfsmittel, um in diese Stille zu finden.

Alles, was im Teeraum geschieht, sind vollkommen alltägliche Handlungen: Wasser holen, Holzkohle legen, Feuer bereiten, Teegeräte hereintragen, reinigen, Tee schlagen und trinken. Die alltäglichsten Handlungen des Menschen – gemeinsam Essen und Trinken – werden zu einer Erfahrung, in der sich Himmel und Erde runden. Die Erfahrungen der Zen-Meditation sind damit für Menschen, die mitten im alltäglichen Leben stehen, möglich.

Um eine komplette Tee-Einladung rein formal durchführen zu können, benötigt der Gastgeber ein Training von vielen Jahren. Wenn die Einladung über die reine Form hinaus den Geist des Teeweges, die Harmonie, Ehrfurcht, Reinheit und gelassene Stille verwirklichen soll, braucht es Jahrzehnte der Übung.

Sen Rikyû, der größte aller Teemeister, der die formalen Gebräuche der Teezeremonie im 16. Jahrhundert unter der Herrschaft Taikô Hideyoshis einführte und zu einem hohen Grad der Perfektion brachte, wurde von einem Schüler gefragt, was der Sinn des Teeweges sei. Rikyû antwortete: „Beim chanoyu geht es einfach darum, Holz zu sammeln, Wasser zu kochen und Tee zu trinken; sonst um nichts." Als der Schüler bemerkte: „Das kann ich alles schon!" sagte Rikyû: „Dann möchte ich dein Schüler werden!"

Utensilien für die Teezubereitung

Fleischliche Gelüste

oder

Ausnahmen bestätigen die Regel

Georg Hartl

Fleischliche Gelüste

Georg Hartl – Kurzbiographie

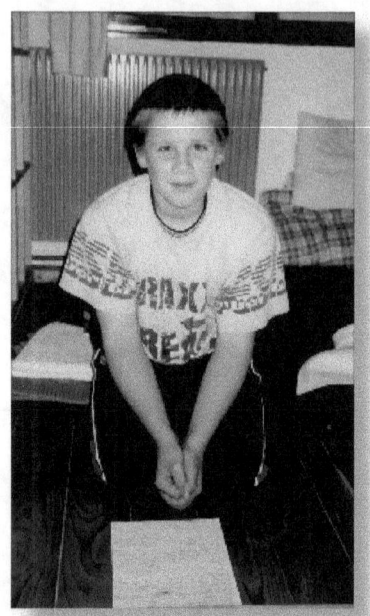

Georg während seines Naikan

Ich bin 1988 in Wien geboren und habe die Volksschule Breitenlee besucht.

1998, also als ich zehn Jahre alt war, zogen wir in einen kleinen Ort in Niederösterreich – idyllisch, frische Luft und sehr langweilig. Ich ging dann in die dortige Hauptschule, und studiere seit 2002 am BORG Scheibbs.

Ich habe einmal Naikan gemacht, drei Tage lang im Sommer 2002. Es war nichts Besonderes, da ich mit Naikan aufgewachsen bin. Ich merkte keine Änderung in meinem Leben, oder erkannte nichts, das ich nicht auch ohne Naikan erkannt hätte.

Ich glaube trotzdem, dass Naikan helfen kann – manchen Menschen zumindest.

Ich halte nichts von vegetarischer Ernährung, also hier die BESSERE Alternative ...

Fleischliche Gelüste

Knoblauchcremesuppe

Butter in einem mittelgroßen Topf bei mittlerer Hitze zerlassen. Knoblauchzehen zugeben und 5-7 Minuten goldbraun braten. Zwiebel fein hacken und hinzufügen. Alles 2-3 Minuten köcheln lassen. Dann die Erdäpfel und die restliche Butter zugeben und weitere 7-10 Minuten kochen bis die Zwiebel weich sind. Mehrmals umrühren, sonst bleiben die Erdäpfel am Boden kleben. Milch und Brühe oder Wasser zugießen und 15 Minuten köcheln lassen bis die Erdäpfel sehr weich sind. Suppe pürieren und abschmecken. Abdecken und zur Seite stellen.

90 g Butter
2 Knoblauchzehen
2 Zwiebel
2 mittelgroße Erdäpfel
½ l Milch
½ l Hühnerbrühe oder Wasser
30 g Butter

Selchfleischfleckerl

Aus Mehl und Eiern einen festen Nudelteig bereiten, in eine Folie einpacken und anschließend 1 Stunde rasten lassen. Danach den Teig ausrollen und in gleich große Fleckerl schneiden. Die Fleckerl in Salzwasser bissfest kochen und abseihen.

Butter und Eidotter flaumig rühren und das Eiklar mit etwas Salz zu einem festen Schnee schlagen. Das Selchfleisch und die Zwiebel fein schneiden und in Fett anrösten. Dann mit den Fleckerln, der Ei-Butter-Masse, dem Eischnee (zum Schluss) und dem Sauerrahm verrühren und mit Pfeffer und Muskat würzen. In eine ausgebutterte und mit Brösel ausgestreute feuerfeste Form geben und im Rohr bei 180 Grad ca. 15 Minuten backen bis alles schön braun ist.

Nudelteig
400 g Mehl
4 Eier
Guss
70 g Butter
1 Ei
etwas Salz, Pfeffer, Muskat
1 Zwiebel
200 g Selchfleisch
¼ Bch Sauerrahm
Butter und Brösel für die Form

Nachspeise: Eine Sachertorte vom Hotel oder normaler Pudding, wobei die Wahl zwischen Vanille oder Schokolade Ihnen überlassen bleibt.

Guten Appetit!

Glossar

Glossar

Gegenüberstellung österreichischer und deutscher Kochausdrücke

Österreichische Bezeichnung	Deutsche Bezeichnung
Backerbsen	Mehlerbsen
Bärlauch	wilder Knoblauch
Buchteln	Dampf- oder Rohrnudeln
Dotter	Eigelb
Eierschwammerl	Pfifferlinge
Eiklar	Eiweiß
Einbrenn	Mehlschwitze mit Öl oder Schmalz
Einmach	Mehlschwitze mit Butter
Erdäpfel	Kartoffel
Fisolen, gelb	Wachsbohnen
Fisolen, grün	grüne Bohnen
Germ	Hefe
Gerstel, gerieben	Teiggraupen
Gugelhupf	Napfkuchen
Häuptelsalat	Kopfsalat
Heurige	Frühkartoffel
Käferbohnen	große, dunkle Bohnen
Karfiol	Blumenkohl
Karotte	Möhre
Knödel	Klöße
Knöderl	kleine Klöße
Kohl	Wirsing
Kohlsprossen	Rosenkohl
Kraut	Weißkohl
Kren	Meerrettich
Kukuruz	Maiskolben
Marillen	Aprikosen
Maroni	Edelkastanie
Mehlspeise	Süßspeise
Melanzani	Eierfrucht, Aubergine

Glossar

Nockerl	Klößchen
Obers	Süße Sahne
Orangen	Apfelsinen
Palatschinken	Eierkuchen
Paradeiser	Tomaten
Polenta	Maisgrieß
Porree	Lauch
Powidl	Pflaumenmus
Ribisel	Johannisbeeren
Rollgerstel	Graupen
Rosinen	getrocknete Weinbeeren
Rote Rübe	Rote Beete
Rotkraut	Rotkohl
Sauerrahm	Saure Sahne
Schlagobers	Schlagsahne
Schmalz	Schweinefett
Schmarrn	eine Mehlspeise
Schwammerl	Pilze
Semmel	Weißbrötchen
Semmelbrösel	Weckmehl
Senf	Mostrich
Spargelbohnen	Wachsbohnen
Staubzucker	Puderzucker
Sterz	eine bäuerliche Mehlspeise
Striezel	Zopf
Sultaninen	große, kernlose Weinbeeren
Topfen	Quark
Vogerlsalat	Rapunzelsalat, Feldsalat
Weichseln	Sauerkirschen
Zwetschken	Pflaumen

Glossar

Abkürzungen für Mengen- & Einheitsangaben

kg	Kilogramm
g	Gramm
l	Liter
Stk	Stück
El	Esslöffel
Tl	Teelöffel
Pr	Prise
Ta	Tasse
Msp	Messerspitze
cl	Zentiliter
ml	Milliliter
Port	Portionen(en)
Pkg	Packung
Blt	Blatt
Bch	Becher
Bd	Bund
gem.	gemahlen
geh.	gehackt

1 Becher Joghurt oder Schlagobers entspricht 250 g oder ¼ l.
1 Becher Crème fraîche entspricht 125 g oder ⅛ l.
1 Packung Topfen entspricht 250 g.

Alle Mengenangaben in den Rezepten sind für 4 Personen gerechnet.

Index

Rezepte alphabetisch gegliedert

A

Apfel-Nusstorte 207
Apfelkompott 71
Apfelmostcreme 87
Apfeloberspudding 206
Apfelstrudel 68
Apfelstrudel (gezogen, von der Mama) 119

B

Bärlauchrahmsuppe 70
Bauernsalat 90
Becherkuchen 204
Borschtsch 118
Bratäpfel 117
Broccolicremesuppe 59
Buchweizenpalatschinken 181

C

Chili con Tofu und Chinakohl mit Äpfeln 146

D

Die Unwiderstehlichen 208
Dinkelcremesuppe mit Sellerie und Parmesan 137
Dinkelkuchen 204

E

Erbsencremesuppe 61
Erdäpfel-Basilikumsuppe 89
Erdäpfelauflauf mit Lauchgemüse 67
Erdäpfelaufstrich 117
Erdäpfelgulasch 63
Erdäpfelkrapferl mit Fisolengemüse 111
Erdäpfelsuppe 114

Erdäpfelsuppe mit Joghurt 64
Erdäpfelsuppe mit Steinpilzen 145

F

Fenchel-Karottengemüse mit Ingwer 170
Fisolengulasch mit Salzerdäpfel 91

G

Gebackene Apfelspalten 113
Gebackene Mäuse mit Vanillesauce 64
Gebratenes Ingwerhuhn karibisch 174
Gemüselasagne 66
Gemüsestrudel mit Kräutersauce 92
Gemüsesuppe 84
Gemüsesuppe mit Tofu 61
Gerstencremesuppe 111
Glühwein 176
Grieß-Suppe, süß-sauer mit Ei 146
Grießschmarrn mit Apfelmus 139
Grießsuppe 68
Grünkernsuppe 93

H

Habermus 182
Hirsesuppe 117
Hiziki-Alge mit Knoblauch, Sesam und Haselnüssen in Sojasauce 170

I

Indisches Gemüse mit Basmatireis 136
Indisches Gemüse mit Mais 69
Indonesische Palatschinken mit Ingwer 174
Ingwer-Karotten-Suppe 172
Ingwer-Mais-Suppe mit Huhn 172

Ingwer-Nudel-Suppe 171
Ingwer-Orangentee 161
Ingwertee I 161
Ingwertee II 161
Ingwertee III 161

K

Karfiolcremesuppe 114
Karibisches Ingwerbier 176
Karotten-Erdäpfelsuppe mit Chili und Ingwer 142
Karotten-Erdäpfelsuppe mit Curry und Ingwer 116
Karottenpuffer mit Reis und Gurkensalat 114
Karottensuppe 65
Käseplatte mit Brot 70
Kaspreßknödel mit Erdäpfelsalat 143
Klare Suppe mit Ei 110
Klare Suppe mit Karotten und Tofuknödel 140
Knoblauchaufstrich 59
Knoblauchcremesuppe 231
Knoblauchrahmsuppe 142
Kohlrübensuppe 92
Kräutersuppe 86
Krautfleckerl 109
Krautsuppe 113
Kürbis-Sugo mit Nudeln und Eisbergsalat 116
Kürbiscremesuppe 91, 173
Kürbissuppe 110

L

Lasagne mit Zucchini und Paradeiser 93
Letscho mit Reis und Gurkensalat 85
Linsensuppe 109
Linsensuppe mit Ingwer 171
Liptauer 84

M

Maisgrießsuppe 85
Milde Gemüsesuppe 115
Minestrone 88
Misosuppe 67, 183
Misosuppe mit Nori-Ei-Einlage 138
Mohntorte 206

N

Nudelauflauf und Paradeissalat 89
Nudelsuppe 144
Nudelsuppe mit Bohnen 69

O

Obersgugelhupf 203
Obstkuchen 90

P

Paradeissuppe mit Topfennockerl 87
Pikanter Aufstrich 109
Polenta-Bärlauchspinatrolle und Karotten-Lauch Gemüse 60
Polenta mit Karottengemüse und grünem Salat 112
Porridge 181

R

Reisauflauf 70
Reisauflauf mit Apfel- und Birnenkompott 144
Ribiselkuchen 93
Rote Linsensuppe 65
Rote Rübensuppe 135
Rote Rüben mit Couscous und Fisolensalat 145
Rumkuchen 208

Index

S

Schüttelkuchen 205
Schwammerlsauce mit
 Semmelknödel 62
Schwammerl mit Tofu 86
Selchfleischfleckerl 231
Selleriesuppe 89
Shiitake-Pilze mit Ingwer, Pfeffer und
 Knoblauch 175
Spaghetti mit Rosmarin und Knob-
 lauch und grüner Salat 141
Spinatsuppe 139
Spinat mit Ingwer 175
Spinat mit Salzkartoffeln 137
Süß-pikanter Gerstensalat 113
Süßer Hirseauflauf mit Kompott 88
Süßreis mit Apfel 184

T

Topfen-Kren Aufstrich 135
Topfenauflauf 207
Topfencreme 91
Topfenpalatschinken mit
 Apfelkompott 115
Topfenrahmsuppe 59

W

Wallsersee-Torte 205
Wildkräutersalat 63

Y

Yogitee 161

Z

Zaziki 136
Zucchini-Erdäpfel-Gemüse mit
 Ingwer 173
Zucchinicremesuppe 84
Zwiebelsuppe mit Kardamon 141

Rezepte nach Abschnitten gegliedert

F

Fleischliche Gelüste
  Knoblauchcremesuppe 231
  Selchfleischfleckerl 231
Frühling
  Apfelkompott 71
  Apfelstrudel 68
  Bärlauchrahmsuppe 70
  Broccolicremesuppe 59
  Erbsencremesuppe 61
  Erdäpfelauflauf mit Lauchgemüse 67
  Erdäpfelgulasch 63
  Erdäpfelsuppe mit Joghurt 64
  Gebackene Mäuse mit Vanillesauce 64
  Gemüselasagne 66
  Gemüsesuppe mit Tofu 61
  Grießsuppe 68
  Indisches Gemüse mit Mais 69
  Karottensuppe 65
  Käseplatte mit Brot 70
  Knoblauchaufstrich 59
  Misosuppe 67
  Nudelsuppe mit Bohnen 69
  Polenta-Bärlauchspinatrolle und Karotten-Lauch Gemüse 60
  Reisauflauf 70
  Rote Linsensuppe 65
  Schwammerlsauce mit Semmelknödel 62
  Topfenrahmsuppe 59
  Wildkräutersalat 63
Frühstück
  Buchweizenpalatschinken 181
  Habermus 182
  Hirse-Frühstück 182, 184
  Misosuppe 183
  Porridge 181
  Süßreis mit Apfel 184

G

Getränke
  Glühwein 176
  Ingwer-Orangentee 161
  Karibisches Ingwerbier 176

H

Herbst
  Apfelstrudel (gezogen, von der Mama) 119
  Borschtsch 118
  Bratäpfel 117
  Erdäpfelaufstrich 117
  Erdäpfelkrapferl mit Fisolengemüse 111
  Erdäpfelsuppe 114
  Gebackene Apfelspalten 113
  Gerstencremesuppe 111
  Hirsesuppe 117
  Karfiolcremesuppe 114
  Karotten-Erdäpfelsuppe mit Curry und Ingwer 116
  Karottenpuffer mit Reis und Gurkensalat 114
  Klare Suppe mit Ei 110
  Krautfleckerl 109
  Krautsuppe 113
  Kürbis-Sugo mit Nudeln und Eisbergsalat 116
  Kürbissuppe 110
  Linsensuppe 109
  Milde Gemüsesuppe 115
  Pikanter Aufstrich 109
  Polenta mit Karottengemüse und grünem Salat 112

Index

Süß-pikanter Gerstensalat 113
Topfenpalatschinken mit
   Apfelkompott 115

I

Ingwer
  Fenchel-Karottengemüse mit
    Ingwer 170
  Gebratenes Ingwerhuhn
    karibisch 174
  Hiziki-Alge mit Knoblauch, Sesam
    und Haselnüssen in
    Sojasauce 170
  Indonesische Palatschinken mit
    Ingwer 174
  Ingwer-Karotten-Suppe 172
  Ingwer-Mais-Suppe mit Huhn 172
  Ingwer-Nudel-Suppe 171
  Ingwer-Orangentee 161
  Kürbiscremesuppe 173
  Linsensuppe mit Ingwer 171
  Shiitake-Pilze mit Ingwer, Pfeffer und
    Knoblauch 175
  Spinat mit Ingwer 175
  Zucchini-Erdäpfel-Gemüse mit
    Ingwer 173

M

Mittelalterliche Küche
  Gericht von grünen
    Pferdebohnen 152
  Halbierte Eier 151
  Heidnische Erbsen 152
  Huhn auf byzantinische Art 151
  Knoblauchmus 151

S

Sommer
  Apfelmostcreme 87
  Bauernsalat 90

Erdäpfel-Basilikumsuppe 89
Fisolengulasch mit Salzerdäpfel 91
Gemüsestrudel mit Kräutersauce 92
Gemüsesuppe 84
Grünkernsuppe 93
Kohlrübensuppe 92
Kräutersuppe 86
Kürbiscremesuppe 91
Lasagne mit Zucchini und
    Paradeiser 93
Letscho mit Reis und
    Gurkensalat 85
Liptauer 84
Maisgrießsuppe 85
Minestrone 88
Nudelauflauf und Paradeissalat 89
Obstkuchen 90
Paradeissuppe mit Topfennockerl 87
Ribiselkuchen 93
Schwammerl mit Tofu 86
Selleriesuppe 89
Süßer Hirseauflauf mit Kompott 88
Topfencreme 91
Zucchinicremesuppe 84
Suppen
  Bärlauchrahmsuppe 70
  Broccolicremesuppe 59
  Dinkelcremesuppe mit Sellerie und
    Parmesan 137
  Erbsencremesuppe 61
  Erdäpfel-Basilikumsuppe 89
  Erdäpfelsuppe 114
  Erdäpfelsuppe mit Joghurt 64
  Erdäpfelsuppe mit Steinpilzen 145
  Gemüsesuppe 84
  Gemüsesuppe mit Tofu 61
  Gerstencremesuppe 111
  Grieß-Suppe, süß-sauer mit Ei 146
  Grießsuppe 68
  Grünkernsuppe 93
  Hirsesuppe 117

Ingwer-Karotten-Suppe 172
Ingwer-Mais-Suppe mit Huhn 172
Ingwer-Nudel-Suppe 171
Karfiolcremesuppe 114
Karotten-Erdäpfelsuppe mit Chili und Ingwer 142
Karotten-Erdäpfelsuppe mit Curry und Ingwer 116
Karottensuppe 65
Klare Suppe mit Ei 110
Klare Suppe mit Karotten und Tofuknödel 140
Knoblauchcremesuppe 231
Knoblauchrahmsuppe 142
Kohlrübensuppe 92
Kräutersuppe 86
Krautsuppe 113
Kürbiscremesuppe 91, 173
Kürbissuppe 110
Linsensuppe 109
Linsensuppe mit Ingwer 171
Maisgrießsuppe 85
Milde Gemüsesuppe 115
Minestrone 88
Misosuppe 67, 183
Misosuppe mit Nori-Ei-Einlage 138
Nudelsuppe 144
Nudelsuppe mit Bohnen 69
Paradeissuppe mit Topfennockerl 87
Rote Linsensuppe 65
Rote Rübensuppe 135
Selleriesuppe 89
Spinatsuppe 139
Topfenrahmsuppe 59
Zucchinicremesuppe 84
Zwiebelsuppe mit Kardamon 141

Süßes
Apfel-Nusstorte 207
Apfelkompott 71
Apfelmostcreme 87
Apfeloberspudding 206
Apfelstrudel 68
Apfelstrudel (gezogen, von der Mama) 119
Becherkuchen 204
Brataäpfel 117
Die Unwiderstehlichen 208
Dinkelkuchen 204
Gebackene Apfelspalten 113
Gebackene Mäuse mit Vanillesauce 64
Grießschmarrn mit Apfelmus 139
Mohntorte 206
Obersgugelhupf 203
Obstkuchen 90
Reisauflauf 70
Reisauflauf mit Apfel- und Birnenkompott 144
Ribiselkuchen 93
Rumkuchen 208
Schüttelkuchen 205
Süßer Hirseauflauf mit Kompott 88
Topfenauflauf 207
Topfencreme 91
Topfenpalatschinken mit Apfelkompott 115
Wallersee-Torte 205

T

Tee
  Ingwertee I 161
  Ingwertee II 170
  Ingwertee III 161
  Yogitee 161

W

Winter
  Chili con Tofu und Chinakohl mit Äpfeln 146
  Dinkelcremesuppe mit Sellerie und Parmesan 137

243

Index

Erdäpfelsuppe mit Steinpilzen 145
Grieß-Suppe, süß-sauer mit Ei 146
Grießschmarrn mit Apfelmus 139
Indisches Gemüse mit
    Basmatireis 136
Karotten-Erdäpfelsl-Suppe mit Chili
    und Ingwer 142
Kaspreßknödel mit Erdäpfelsalat 143
Klare Suppe mit Karotten und
    Tofuknödel 140
Knoblauchrahmsuppe 142
Misosuppe mit Nori-Ei-Einlage 138
Nudelsuppe 144
Reisauflauf mit Apfel- und Birnen-
    kompott 144
Rote Rübensuppe 135
Rote Rüben mit Couscous und
    Fisolensalat 145
Spaghetti mit Rosmarin und Knob-
    lauch und grüner Salat 141
Spinatsuppe 139
Spinat mit Salzkartoffeln 137
Topfen-Kren Aufstrich 135
Zaziki 136
Zwiebelsuppe mit Kardamon 141

Danksagung

Damit dieses Buch entstehen konnte, waren viele Hände notwendig. Viele handschriftliche Seiten wurden von Karola Beilschmidt am Computer geschrieben. Besonderer Dank gebührt der Lektorin Eva Muhm und den HelferInnen, die mit unserer, manchmal etwas chaotischen, Arbeitsweise zu kämpfen hatten.

Und wir danken allen Menschen, die wir hier nicht namentlich angeführt haben und die, wie wir wissen, das Arbeiten mit der Naikan-Methode unterstützen und somit auch das Werden dieses Buches mitgetragen haben.

Shaku Yokô Josef Hartl und Mitautorinnen und -autoren

DIE NAIKAN METHODE

Josef Hartl, Johanna Schuh

Es ist das Buch der Bücher, das erste Buch über Naikan in deutscher Sprache. Und es ist mehr als das: 4 Bücher zum Preis von einem:

„Das Buch der Fakten und des Wissens" bringt Sie auf den aktuellen Stand der Dinge: Wie, wo, wann wurde und wird Naikan praktiziert? Und für wen ist Naikan überhaupt gut?

„Das Buch des Grauens und der Tränen" bringt Sie hinter Gitter: Es geht um die triste Gegenwart von Kriminalität, Gefängnis und Resozialisierung. Aber es geht auch um den konkreten Blick in die Zukunft, wie man mit Hilfe der Naikan-Methode das Grauen hinter sich lassen kann.

„Das Buch des Herzens und des Wirkens" lässt Sie eintauchen in die Erlebniswelten von Menschen: In den facettenreichen und ungeschminkten Berichten erzählen verschiedene Naikan-Teilnehmer von ihren Erfahrungen mit und aus Naikan.

„Das Buch des Spirituellen und der Weisheit" lädt Sie ein in eine Welt des tiefen inneren Friedens und beschreibt Naikan als einen Weg, wie man in diese Welt gelangen kann.

Neuauflage im September 2004
Preis 20,70 EUR
ISBN 3-9500885-0-4

Bestellung:
NAIKIDO ZENTRUM WIEN
Neulerchenfelderstraße 65/W1+2
A-1160 Wien, Österreich

Tel.: +43 (1) 405 05 13
Fax: +43 (1) 402 30 55
e-mail: office@naikido.at

DAS WESEN VON NAIKAN
Prof.Akira Ishii, Shaku Yokô Josef Hartl (Hrsg.)

40 Erfahrungsberichte aus 7 Ländern - und geschrieben in 3 Sprachen: Deutsch, Englisch, Japanisch!

... so spannend, dass man gar nicht mehr aufhören kann zu lesen ... sagen uns zumindest viele Leser/innen!

Nach einem Vorwort von Josef Hartl folgt eine wunderschöne Einführung in die Naikan-Methode von Prof. Akira Ishii, wo er auch auf häufig gestellte Fragen bezüglich Naikan eingeht.

Der wesentliche Teil wurde jedoch von den 40 Naikan-Teilnehmern geschrieben: In der Vielzahl der persönlichen Erfahrungen offenbaren sich Bandbreite und Tiefe der Erkenntnisse, die man mit Hilfe von Naikan erschließen kann.

Erschienen im Juli 2000.
Preis 20,70 EUR
ISBN 3-9500885-1-2

Bestellung:
NAIKIDO ZENTRUM WIEN
Neulerchenfelderstraße 65/W1+2
A-1160 Wien, Österreich

Tel.: +43 (1) 405 05 13
Fax: +43 (1) 402 30 55
e-mail: office@naikido.at

www.ingramcontent.com/pod-product-compliance
Lightning Source LLC
Chambersburg PA
CBHW070940230426
43666CB00011B/2504